CLAUDIO M. ANTONIO

MENTE MILIONÁRIA 360

Descubra os Segredos de Como Despertar a Riqueza dentro de Você através do Poder da Mente

www.carreira.com.br

AGRADECIMENTOS

"E não vos amoldeis ao sistema deste mundo, mas sede transformados pela renovação das vossas mentes, para que experimenteis qual seja a boa, agradável e perfeita vontade de Deus. Como servir por meio dos dons." Romanos 12:2

Gostaria de agradecer primeiramente a Deus, a Jesus, pois eles são os meus criadores e mentores da minha vida, dedico toda Honra e toda Glória deste Livro a Eles.

Agradeço também a minha esposa e minha filha que amo tanto, minha mãe por sempre me incentivar a estudar, ao meu falecido Pai pelos ensinamentos práticos de vida e a todas as pessoas que, diretamente e indiretamente, me apoiaram neste trabalho.

Agradeço a todos os autores que citei e deixei como referência bibliográfica no final deste livro, eles foram meus mentores, todos contribuíram com o meu crescimento pessoal e profissional.

Queria agradecer também a você leitor(a) por me dar a oportunidade de lhe ajudar em seu novo negócio, estou muito feliz por isso, que seja uma leitura agradável e proveitosa.

Que Deus abençoe sua vida, sua família, seus negócios, um forte abraço!

Com Amor por Claudio M. Antonio

www.upcarreira.com.br

Apresentação do Autor:

"Bem-aventurado o homem que acha a sabedoria, e a pessoa que encontra o entendimento, pois a sabedoria é muito mais proveitosa que a prata, e o lucro que ela proporciona é maior que o acúmulo de ouro fino." Provérbios 3:13

Meu nome é Claudio M. Antonio, sou Educador, Empreendedor, , apaixonado por tecnologia, por assuntos da mente humana, estudante de psicanálise integral, me considero agraciado por Deus em trabalhar no que gosto, por me divertir em cada novo desafio.

De onde vem a minha inspiração para ganhar dinheiro:

Busco Inspiração em Deus e lendo a Bíblia, lendo bons livros, escutando boa música, passeando com a família, contato com meus amigos e irmãos na fé cristã, em contato com a natureza, praticando esportes, numa xícara de café (o bom e velho cafezinho), embora também, tenha sido impulsionado por boletos, de vez em quando; Não! quase sempre.

Sou Formado pela faculdade Estadual de São Paulo em Tecnologia da Informação (T.I) com Ênfase em Gestão de Negócios, especialista em Análise de Dados pela Escola Britânica de Artes e Tecnologia, entusiasta da área de Ciência de Dados e Inteligência Artificial, Programação, Publicidade e Copyright.

Minha meta neste ebook é te ajudar a ter uma **Mentalidade Empreendedora de Sucesso 360** para que você amplie a sua visão e crie negócios de sucesso.

Tenho mais de 25 anos de Experiência em empreendedorismo, já gerenciei diversos negócios em diferentes segmentos como: informática, automação comercial, educação, tanto negócios físicos como online, atualmente sou CEO da UPCarreira Educação, Antonius Publicidade e estou em desenvolvimento uma Empresa de Tecnologia focada em desenvolvimento de Sistemas.

www.upcarreira.com.br

Sumário:

Introdução: **5**
   Quando você deve começar o seu negócio?   15
   O que você vai aprender neste livro?   16

Passo 1: Mindset Empreendedor: Como ter uma mente empreendedora de Sucesso 18
   1.1   - O que é Mindset?   20
   1.2   **- Os 4 aspectos de um negócio de sucesso**   **26**
      1.3   - As 3 Bases de um Negócio de Sucesso: Deus, Saúde, Família/Amigos   29
   1.4   **- Performance - Organização do Tempo, Espaço e foco na atividade única para ter Produtividade e Performance nos Negócios**
35
      1.5 - Vencendo a Procrastinação e a Autossabotagem   41
      Lista para vencer a Procrastinação e Autossabotagem: 44

Passo 2: Mindset em Planejamento - Como escolher um Nicho de Mercado Lucrativo?
48
   2.1   **- Meu nicho de mercado ideal:**   **53**
   2.2   **- Qual o tamanho do seu Nicho?**   **56**

Capítulo 3 (Mindset em Execução, Produção, Gerenciamento) Boas Práticas e Ferramentas do Marketing Digital
62

Passo 3: Execução   **64**
   3.1   **- O que é Marketing Digital? Qual a sua Importância?**   **64**
      Qual a importância do marketing digital?   65
      Conteúdo Complementar: 67
   3.2   **- Definição de Tráfego**   **75**
      Resumindo os tipos de tráfego: 76
   3.2   **- O que é Persona ou Avatar? Qual a diferença entre Persona e Público Alvo?**
79

Passo 4: Mindset em Produção   **82**
   Vamos aprender nesse passo a criar um Ebook e um Curso Online, ou seja, vamos começar a produzir o nosso produto digital.

   3.3 - Tipos de Negócio Online   82

Tipos de Negócios Online:	**85**
Dicas para Ganhar Produtividade no seu Negócio	88
3.4 - Divulgando o seu Negócio	**89**
3.4.2 - Página de Vendas e Gatilhos Mentais	94
Passo a passo de uma oferta de venda e copywriter :	94
Uma carta de venda bem feita, segue o seguinte padrão:	94
A Oferta Irresistível ou Script de venda Matador:	103
Os 5 Passos de uma oferta irresistível ou Matadora:	**103**
Passo 5: Mindset em Gerenciamento e Métricas	**107**
3.5 - Gerenciamento - KPIS de Vendas - Como medir os Resultados do seu negócio? 107	
Passo 6: Mindset em Realização do Sonho	**110**
Referências Bibliográficas e indicações de leitura:	**112**

Introdução:

"Para percorrer a jornada mais difícil, precisamos apenas dar um passo por vez; só não podemos parar de andar." Provérbio Chinês

Parabéns por dar o primeiro passo em direção à construção do seu próprio negócio! Quero começar expressando meu sincero reconhecimento por essa decisão corajosa. Neste momento, meu objetivo principal é oferecer a você um Ebook que vai além de meras palavras escritas. Estou aqui para mergulhar profundamente em seu âmago empreendedor e despertar uma transformação completa em sua mentalidade. Prepare-se para uma jornada de descobertas que moldarão sua perspectiva de negócios, marketing digital e, acima de tudo, da vida em geral. Vamos chamar essa transformação de Mente Milionária 360, uma mentalidade que se tornará a base do seu sucesso empresarial.

Ao longo deste Ebook, você terá acesso às melhores práticas de renomados especialistas e estudiosos em diversas áreas de conhecimento. Eles alcançaram sucesso em suas carreiras graças a uma mentalidade correta nos negócios. Estou ansioso para transmitir a você esses conhecimentos valiosos.

Prepare-se para mergulhar em um mundo de mindset empreendedor de sucesso. Eu o chamo de Mentalidade Empreendedora 360 Graus, um método prático que desenvolvi com o objetivo de proporcionar a você uma visão completa e abrangente do universo empresarial e do empreendedorismo. Acredite em mim, essa visão global, esse mindset correto e essa mentalidade empreendedora são fundamentais para superar os obstáculos e alcançar o sucesso em seus negócios.

Vou guiá-lo ao longo deste Ebook, compartilhando meu conhecimento e experiência adquiridos ao longo de anos de negócios e mentoria. Acredite, eu já enfrentei os mesmos problemas e pensamentos limitantes que podem estar assombrando você agora. "Eu não sei lidar com dinheiro", "nunca conseguirei abrir um negócio", "não tenho talento para empreender", "tudo é difícil demais" - esses são apenas alguns dos pensamentos negativos que minam sua performance e bloqueiam seu caminho rumo ao sucesso.

Eu entendo essas batalhas internas porque já estive nelas. Passei por momentos de dificuldade no início da minha carreira, chegando a enfrentar problemas de saúde física e, principalmente, psicológica, como síndrome do pânico e depressão. No entanto, decidi transformar minhas experiências em oportunidades para ajudar outros empreendedores a não passarem pelos mesmos desafios. Quero proporcionar a você uma jornada de sucesso em seu negócio, sem comprometer sua saúde e energia.

Portanto, este Ebook não é apenas um guia com palavras vazias. É um convite para uma transformação profunda em sua mentalidade, para que você alcance novos patamares de sucesso empresarial. Estou comprometido em ser seu guia nessa jornada, oferecendo a você as ferramentas e estratégias necessárias para alcançar a excelência nos negócios.

Prepare-se para uma experiência cativante e envolvente. Juntos, vamos desbravar as barreiras da mentalidade limitante, abraçar a visão 360 graus e criar uma Mente Milionária que impulsionará seus empreendimentos para o sucesso. Estou empolgado para testemunhar sua transformação e ver você prosperar além de seus sonhos mais ousados. Vamos começar!

Para você entender um pouco melhor, vamos explicar o que significa o termo mentalidade[2]:

"O termo mentalidade se refere a uma predisposição psicológica que uma pessoa ou grupo social têm para determinados pensamentos e padrões de comportamento, referindo-se ainda à maneira como nações inteiras se conduzem ideologicamente."

Esse Ebook vai lhe ensinar como ter um mindset para criação de negócios de sucesso e boas práticas e técnicas de empreendedorismo, marketing digital, vou lhe ensinar também como criar um Negócio Online do tipo **Infoprodutos** (Cursos Online, Ebooks etc) você pode utilizá-lo

---

[1] https://www.oficinadepsicologia.com/depressao/
[2] Manuel López Torrijo (1995). *Lecturas de metodología histórico-educativa. Hacia una historia de las mentalidades.* [S.l.]: Universitat de València. 156 páginas. ISBN 9788437023137

para educar o seu cliente em qualquer negócio ou para ganhar dinheiro para geração de renda passiva.

Os **infoprodutos** provêm informações para educar, resolver um problema ou facilitar, de alguma forma, a sua vida com relação a algum assunto.

Infoprodutos são materiais de informação que vendem conhecimento que são criados e distribuídos, de forma paga ou gratuita, em formato digital como este Ebook que você está lendo ou Cursos Online por exemplo.

O grande objetivo deste Ebook é que você entenda e perceba que o conhecimento têm **muito valor** e que existem muitas pessoas que estão dispostas a pagar por ele para resolverem algum problema ou dor em sua vidas.

Segue um link com exemplos de Infoprodutos que você pode conhecer e explorar futuramente para ter renda passiva:
https://blog.hotmart.com/pt-br/tipos-criar-infoprodutos/

Veja o Infográfico abaixo para entender melhor esse conceito:

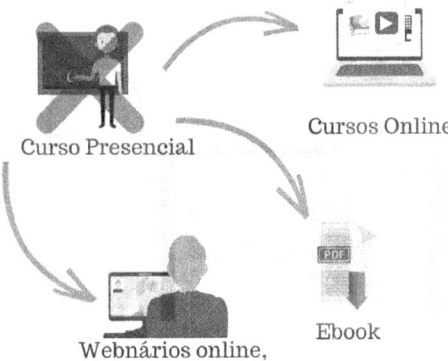

A **renda passiva** é o dinheiro que você ganha sem gastar um tempo significativo para você deixar de fazer o que realmente gosta: viver bem.

Veja o Infográfico abaixo para entender melhor esse conceito:

Renda Passiva X Renda Ativa

Renda passiva é a receita que você ganha sem depender diretamente de si mesmo.

Renda Passiva	Renda Ativa
→ Não depende do trabalho para recebê-la, um renda que você ganha sem gastar muito tempo.	→ Renda que Depende do trabalho, onde você gasta seu tempo para recebê-la.
→ Requer um esforço inicial.	→ Requer um esforço continuo.
Recebe sem mesmo trabalhar.	Se parar de trabalhar a renda acaba.
→ O progresso financeiro é rápido e proporciona escala para aumentar ainda mais.	→ O progresso financeiro é lento e não e com poucas possibilidades de aumentar.
⇒ O dinheiro trabalha para você.	⇒ Você trabalha pelo dinheiro.

Exemplos de Renda Passiva:
- Tesouro Direto;
- Fundos Imobiliários ou Aluguel;
- Mercado de Ações com Dividendos;
- Infoprodutos em mercado de nichos;

O objetivo deste Ebook é lhe passar um **Mentoria** para que você crie um negócio que lhe dê liberdade financeira, liberdade de tempo e liberdade de lugar, ou seja, você trabalhe quando e onde quiser através da internet, permitindo que você tenha mais tempo para a sua família e pessoas que você ama.

www.upcarreira.com.br

Vamos aprender que ganhar dinheiro e ficar rico, não é o principal da vida, mas sim conquistar liberdade financeira para ter mais tempo, pois ele é a nova moeda dos chamados "Novos Ricos":

São pessoas que querem não ficar ricos, mas mudar de atitude para o consumo racional e elevação dos contatos e redes de relacionamento como elemento de transformação real da vida.[3]

Começando com um pergunta simples: Por que eu devo e quero ser um Empreendedor de Sucesso?

VOCÊ JÁ TEVE ESCUTADO ALGUÉM FALAR "ESTUDE PARA SER ALGUÉM NA VIDA", PRINCIPALMENTE QUANDO CRIANÇA.

Muitas vezes nossos familiares e a sociedade nos induzem a pensar que para ser bem-sucedido devemos passar em um concurso público ou em uma faculdade de preferência e arrumar um bom emprego, não tem nenhum problema nisso, mas para quem deseja ser um empreendedor de sucesso isso não funciona.

É hora de desafiar as crenças limitantes que nos foram impostas por nossos familiares e pela sociedade. Muitas vezes, somos levados a acreditar que a única rota para o sucesso é passar em um concurso público ou obter um diploma universitário para conseguir um bom emprego. Não há nada de errado nisso, mas se você deseja ser um empreendedor de sucesso, essas opções simplesmente não funcionam.

Vamos acabar de uma vez por todas com essa crença limitante que está enraizada em sua mente! Permita-me fazer uma pergunta: você já recebeu orientação na escola ou na faculdade sobre como ser dono do seu próprio negócio e abrir uma empresa? Aprende a lidar com dinheiro? Provavelmente não! O sistema de ensino tradicional não dá prioridade ao empreendedorismo, e as orientações familiares e sociais geralmente se concentram nas habilidades acadêmicas e profissionais. Não é culpa sua, nem deles.

"Eu também fui educado assim. Já trabalhei para empresas, já montei negócios que não deram certo, já prestei concurso público. É o senso comum, o qual os mais velhos nos ensinaram a regra básica: 'A melhor coisa é trabalhar para uma empresa séria ou passar em um concurso público para ter estabilidade financeira e uma aposentadoria segura.' No entanto, eu consegui mudar essa mentalidade ao buscar o conhecimento correto." - Claudio Antonio

Diante de tantas crenças limitantes, como você poderia sequer considerar a possibilidade de empreender e alcançar o sucesso? Fomos treinados para sermos bons funcionários, não empreendedores. No entanto, para se tornar um empreendedor, você precisa adotar uma mentalidade correta, que chamo de Mentalidade Milionária.

Sem uma mente forte e a crença de que você pode se destacar e ser um empreendedor de sucesso, nada acontecerá. Acredite, seu sucesso começa com uma simples decisão em sua mente - uma decisão que apenas você pode tomar. Você concorda comigo?

Pode parecer fácil, mas muitas pessoas estão estagnadas e não conseguem tomar essa decisão. Experimente se conhecer melhor e fazer as seguintes perguntas:

Qual faculdade devo escolher e em qual área devo me especializar?
Devo começar a faculdade ou empreender, ou talvez os dois?
Devo me preparar para um concurso público ou empreender?
Devo permanecer no meu emprego atual, onde minha saúde está sendo prejudicada, ou empreender?
Já iniciei meu próprio negócio, e agora? Devo vendê-lo, fechá-lo ou reinventá-lo?
Devo mudar meu nicho de mercado ou arriscar mais uma vez?
Devo pegar um empréstimo para investir ou correr o risco de falir?
Lembre-se: o sucesso é uma decisão que acontece em sua mente. Desculpe a sinceridade, mas se você não puder decidir que deseja ter sucesso e ganhar dinheiro, eu não posso ajudá-lo, e ninguém mais pode. O poder de decisão está em suas mãos, ou melhor, em sua mente

Pensamentos geram sentimento que geram ações que geram resultados. Você precisa aprender a pensar como Empreendedor de Sucesso, e para isso o primeiro passo é o poder de Decisão, dizendo:

"Eu quero muito fazer sucesso, ganhar dinheiro e ter minha liberdade financeira", pois assim você aumenta suas chances, sua mente vai se conectar com o universo, com Deus o seu criador, e vai traçar estratégias de quais serão os melhores caminhos que você terá que tomar para atingir seu objetivo, é simples assim!

Você acredita nisso?

Eu e outros empreendedores escolhemos seguir esse modelo de mentalidade. Começamos com um desejo ardente, algo que chamamos de Fé. A partir desse ponto de partida, buscamos conhecimento, participamos de cursos e treinamentos específicos e buscamos parcerias estratégicas.

À medida que avançamos nessa jornada, nosso objetivo de alcançar a liberdade financeira se torna cada vez mais tangível. O dinheiro deixa de ser o fim em si mesmo e passa a ser um meio para atingir nossos objetivos. É aí que a mágica acontece.

Movidos pelo desejo, pela fé e pelos conhecimentos específicos adquiridos, nossa mente começa a encontrar soluções estratégicas. Ela se conecta com outras mentes criativas e visionárias, abrindo caminho para o crescimento do nosso negócio.

É assim que uma empresa de sucesso nasce: a partir da combinação de desejo, fé, conhecimento, ideias e parcerias estratégicas. À medida que você adota essa mentalidade, sua mente se expande e você se torna capaz de enxergar oportunidades onde outros veem obstáculos.

Lembre-se de que o caminho para o sucesso empreendedor não é solitário. Ao se conectar com outras mentes criativas, você amplia sua visão e descobre novas maneiras de levar seu negócio ao próximo nível.

Portanto, acredite no poder do desejo, alimente sua fé, busque conhecimento e esteja aberto a parcerias estratégicas. Dessa forma, você estará construindo uma base sólida para o sucesso e verá sua empresa prosperar além de suas expectativas mais audaciosas. O futuro empreendedor de sucesso está ao seu alcance. Vamos começar essa jornada juntos!

Anote isso:

"Seu negócio é um embrião que nasce em sua mente por meio de ideias, ganha força através do desejo e da fé e floresce por meio das melhores parcerias ao longo do tempo." Claudio M. Antonio

> Quando dei os primeiros passos no mundo dos negócios, eu mal sabia por onde começar. Tudo o que eu tinha era uma vontade incontrolável de empreender e ajudar os outros. No entanto, esse desejo genuíno não foi suficiente para evitar as dificuldades que enfrentei no início da

minha jornada empreendedora. Noites sem dormir, preocupações com as contas a pagar e a insatisfação de alguns clientes fizeram parte desse desafio. Perdi, temporariamente, minha saúde física e mental. Aprendi com meus erros e acertos, lutando batalha após batalha. Encontrei até pessoas que não acreditavam no meu sonho de empreender. Mas todas essas adversidades fazem parte do processo de evolução de qualquer empreendedor. Precisamos ser resilientes, perseverar até o fim, acreditar em nós mesmos e em nosso potencial, e ter fé em Deus.

Aprendi na prática como montar negócios online, mas enfrentei muitos desafios ao começar do zero, por conta própria. Decidi buscar ajuda por meio da leitura de livros, mentores e especialistas em desenvolvimento humano, empreendedorismo, marketing e na palavra de Deus, a Bíblia. Foi um caminho difícil, mas consegui chegar aonde acredito que Deus sonhou para minha vida. Agora, desejo que você também alcance o final dessa jornada, realizando o seu sonho de se tornar um empreendedor de sucesso, com uma mentalidade 360 graus e desfrutando de liberdade financeira, de tempo e de espaço.

Com mais de 25 anos de experiência empreendendo em diversos negócios, tanto físicos quanto digitais, gostaria de compartilhar o que considero mais importante para que você reflita neste momento:

"Tenha como missão ajudar o maior número possível de pessoas a resolverem seus problemas e aliviar suas dores por meio do seu conhecimento. Que essa missão também contribua de alguma forma para tornar o mundo um lugar melhor." - Claudio Antonio

Foi com uma missão em mente que comecei meu primeiro negócio na adolescência, oferecendo serviços de manutenção de computadores em minha própria casa. Na época, eu tinha apenas a vontade de ajudar as pessoas, sem entender nada sobre vendas ou atendimento ao cliente. No entanto, por meio dessa missão, pude auxiliar muitas pessoas em meu bairro e até mesmo empresas. À medida que dei os primeiros passos como empreendedor, fui evoluindo pessoalmente, cometendo erros e acertos, e aprendendo a me relacionar com meus clientes e com as pessoas em geral. Com muita paciência, aprendi com eles e, por meio desses relacionamentos, tornei-me um exemplo positivo de vida e conduta. Esse sentimento de missão me motivou a continuar seguindo meu propósito.

Ao longo do tempo, levei esse conceito de missão para outros negócios que empreendi, como vendas online de computadores e equipamentos para automação comercial. Mais recentemente, apliquei esse princípio ao criar infoprodutos, como cursos online nas áreas de engenharia civil, arquitetura e, agora, focados em mindset, negócios e empreendedorismo, bem como estilo de vida.

Por meio dessa abordagem baseada em missão, com muita luta, esforço e ajuda de pessoas, consegui impactar e transformar a vida de milhares de alunos. Essa missão me motivou a ajudar o próximo, a me harmonizar com eles e a proporcionar bons exemplos. Essa energia impulsionadora me levou ao sucesso e me ajudou a não desistir do meu sonho de empreender, não apenas em momentos de crise financeira, mas principalmente em momentos de crise emocional. A missão sempre me deu forças para continuar.

Portanto, lembre-se de que ter uma missão clara e o desejo genuíno de ajudar os outros podem ser os alicerces do seu sucesso como empreendedor. Supere os desafios, aprenda com seus erros, busque conhecimento e apoio, e nunca desista de perseguir seu sonho. Com a orientação divina e a força interior, você também pode impactar vidas e construir um negócio próspero que faça a diferença no mundo.

---

[4] É a maior necessidade do cliente. Exemplo: saúde: melhorar a estética; imobiliário: comprar um imóvel

Vamos entender um pouco mais sobre esse assunto de Missão de vida. Pois bem, basicamente o propósito de vida de todo ser humano são 3 (três):

Evoluir, harmonizar com as pessoas e gerar bons exemplos[5], esses 3 propósitos, é a sua **Missão** para ser um Empreendedor de Sucesso, sem eles, tenha certeza, ele não irá muito longe e não atingirá os melhores resultados.

Vamos ver o que isso significa:

Crescer pessoalmente ou Evoluir significa curar suas inferioridades como medo, raiva, tristeza, ansiedade, pessimismo, emoções negativas, crenças limitantes, depressão. Todos nós precisamos constantemente melhorar nesses aspectos, e devemos desejar melhorar. Existem dois caminhos para essa evolução acontecer, a evolução e aprendizado por Amor ou pela Dor. Quando você se sintoniza com a sua missão e deseja crescer pessoalmente procurando sempre as suas curas inferiores, tudo fica mais fácil e seu negócio fluirá com naturalidade, pois você estará evoluindo.

Harmonizar-se com o próximo: familiares, amigos, vizinhos, clientes, colegas de trabalho, ou até desconhecidos. Você precisa aprender a se harmonizar com as pessoas que convive com você, e isso depende de compreensão, paciência, disposição e muita doação e amor.

Gerar bons Exemplos: é cultivar uma conduta de vida que seja exemplar para outras pessoas, gerar bons exemplos é uma consequência das missões anteriores acima citadas, pois quando melhorei como pessoa curando minhas inferioridades, emoções e

[5] Bruno Gimenes, livro Negócios Digitais: aprenda a usar o real poder da internet nos seus negócios / organizado por Alan Pakes. - São Paulo: Editora Gente, 2015

pensamentos negativos, isso faz com que eu me torne alguém em harmonia com aa outras pessoas, conseguindo com isso mais tranquilidade e felicidade em meus projetos de vida e conduta do qual eu me orgulhe, tornando-me assim, de forma natural, um exemplo de vida para os demais, resumindo, você passa a influenciar positivamente com seu modo de viver e estilo de vida todos ao seu ao seu redor, assim todos crescem e evoluem junto com você, esse é o grande segredo de um negócio de sucesso.

Veja um infográfico abaixo que explica melhor sobre esse conceito:

Os 3 Propósitos Universais do Empreendedor de Sucesso

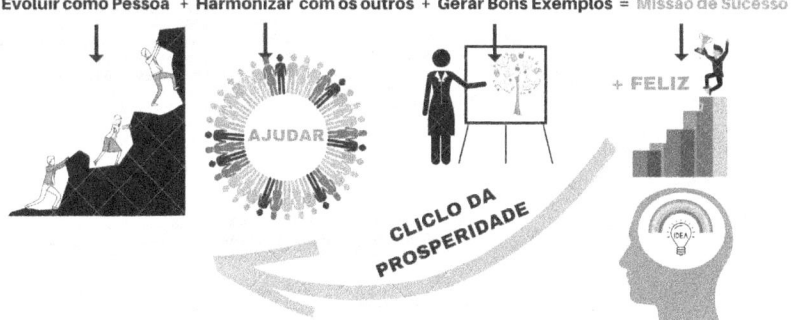

Se você está **preocupado ou com medo** se vai conseguir **montar um negócio de sucesso**, tenho certeza que sim, eu acredito em você e você também deve acreditar que é possível, tenha fé, perseverança e persistência que você vai chegar lá.

Para que você tenha um negócio de sucesso você precisa ter o Mindset Correto que chamo de **Mentalidade Empreendedora 360 graus** que consiste basicamente em:

Primeiro lugar, ter visão 360 graus enxergando oportunidades de criação de novos negócios, ter visão 360 graus é como ser um escultor que enxerga o potencial de criação de uma obra de arte onde ninguém enxerga.

Em segundo lugar você precisa ter ou adquirir **competências e habilidades** para gerir o seu negócio como empreendedorismo, marketing digital e gestão de negócios, gestão de pessoas, etc.

Em terceiro lugar você precisa ter **Atitude**, ou seja, você precisa executar o que criou e aprendeu, não adianta nada ter criatividade e ideia de negócios se você não colocar a mão na massa, fazer o negócio acontecer, nesse quesitos, muitos até dizem que são empresários, são grandes empreendedores, mas nunca conseguem os resultados, são até empresários, mas frustrados e com ego inflamados.

Veja o infográfico abaixo para exemplificar sobre esse assunto:

As 3 Mentalidades básicas que todo empreendedor de sucesso deve ter

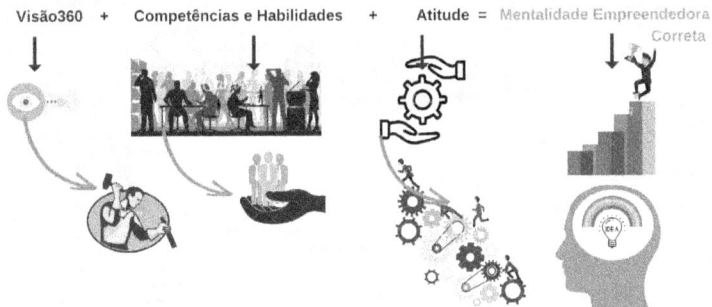

Quando você deve começar o seu negócio?

O momento para começar o seu negócio é Agora, isso mesmo que você está lendo:

"Não espere você estar pronto para começar o seu negócio, porque você nunca vai estar pronto, estamos sempre em evolução e melhorando a cada dia com os nossos acertos e erros". Claudio M. Antonio

Assim como em todas as áreas da vida, ter um negócio de sucesso requer tempo, perseverança e, acima de tudo, prática. Não há fórmula mágica. Grandes artistas, atletas e outros que alcançaram o sucesso batalharam arduamente e nunca desistiram de seus sonhos.

À medida que você se dedica, trabalha duro e conquista suas primeiras vendas, ganha confiança. Isso permite que você invista na qualidade e melhoria do seu produto ou serviço. Sua mente se fortalece progressivamente e você começa a perceber que está ajudando as pessoas a resolverem seus problemas e aliviar suas dores. Você se sente útil. Acredita verdadeiramente que seu produto ou serviço transforma a vida delas. Dessa forma, é estabelecido um círculo virtuoso, também conhecido no marketing digital como círculo dourado ou círculo de ouro.

O conceito é simples: você ajuda alguém, impulsionado pela sua missão, e vende seu produto ou serviço. Seu cliente fica satisfeito e o recomenda a outra pessoa. Você ajuda novamente, faz uma nova venda e assim por diante. Conforme seu negócio cresce, você se mantém motivado. A seguinte frase resume o conceito do círculo de ouro:

"Comece com o porquê. Pessoas não compram o que você faz, elas compram o porquê você faz." - Simon Sinek

Portanto, concentre-se em sua missão, na forma como você está ajudando as pessoas e na transformação que seu produto ou serviço proporciona. À medida que o círculo de ouro se fortalece, seu negócio crescerá cada vez mais, impulsionado pela motivação contínua e pela satisfação dos clientes. Nunca deixe de acreditar em si mesmo e no valor do que você oferece ao mundo.

O que você vai aprender neste Livro?

Os 6 passos para montar um negócio online de sucesso são: **Passo 1: Mindset Empreendedor (Mentalidade Empreendedora para o sucesso), Passo 2: Mindset em Planejamento e Pesquisa, Passo 3: Mindset em Execução, Passo 4: Mindset em Produção, Passo 5: Mindset em Gerenciamento e Passo 6: Mindset em Realização do Sonho (Resultados).**

No **primeiro capítulo** deste livro vamos aprender: Qual a mente devo ter para ter um negócio de sucesso? Como vou me comportar diante das dificuldades do negócio? Como ter mais energia para os negócios e ser mais produtivo? Vamos falar de Mindset Empreendedor ou mentalidade empreendedora para ter um negócio de sucesso.

Depois vamos falar sobre como escolher um nicho de mercado lucrativo, quais são as ferramentas que podemos utilizar para fazer um boa escolha, vamos aprender a fazer uma auto análise de suas habilidades e paixões, tão importantes para você ter um negócio duradouro, ou seja, você fazer o que gosta e ajudando as pessoas com a sua paixão.

Depois vamos estudar as ferramentas de marketing digital, qual a diferença sobre o velho e novo marketing, sobre a nova jornada do consumidor, como ter um site, como divulgá-lo na internet, como conseguir novos clientes, como utilizar as ferramentas de marketing digital para fazer o seu negócio crescer, etc.

Vamos começar essa jornada juntos? Que Deus lhe dê sabedoria e muita Fé de prosseguir com o seu negócio e sua ideia até o final e que ele seja um Sucesso.

www.upcarreira.com.br

Passo 1: Mindset Empreendedor: Como ter uma mente empreendedora de Sucesso

" Em todo lugar que você vê um negócio de sucesso, alguém tomou um dia uma decisão corajosa." Peter Drucker

Vamos abordar, neste capítulo, o tema que considero o mais importante de todos neste livro: a mentalidade empreendedora, também conhecida como mindset empreendedor. Talvez você nunca tenha ouvido falar desse termo, mas, resumidamente, o mindset refere-se aos seus valores e crenças, é o que você vê, sente e vivencia. Traduzindo do inglês para o português, significa "configuração da mente", ou seja, como sua mente se configura diante do mundo, como encontra soluções para os problemas da vida e qual o melhor caminho a seguir. Podemos compará-lo a um computador, com seus processos de memória e processamento de dados, porém muito mais complexo.

Não vamos nos aprofundar no funcionamento do cérebro, pois isso exigiria muito mais do que um livro. No entanto, apresentaremos os conceitos mais importantes que você precisa saber para desenvolver um mindset empreendedor adequado e alcançar o sucesso nos negócios online.

Para quem está começando um negócio online ou já possui um em andamento, é importante entender que existem dois papéis que você pode assumir em seu empreendimento, e é necessário escolher antes de iniciá-lo. Preste atenção neste ponto e esteja aberto a uma nova mentalidade.

O primeiro papel é o do empreendedor, aquele que tem a visão do negócio e traça estratégias para alcançar resultados para a empresa.

O segundo papel é o do técnico, responsável por colocar a mão na massa. Esse profissional constrói as páginas do site, do blog, integra-as com o e-mail marketing e o sistema de pagamento, mantém tudo funcionando corretamente e lida com todo o suporte tecnológico necessário para um negócio online.

O grande problema que muitos empreendedores digitais enfrentam é acreditar que podem desempenhar ambos os papéis ao mesmo tempo. É essencial definir o papel de empreendedor para que seu negócio seja bem-sucedido. Você pode se perguntar: "E se eu não souber criar um site? Automatizar os e-mails?" Nesses casos, existem parceiros que podem oferecer esses serviços a baixo custo, permitindo que você elimine atividades e ganhe tempo e produtividade.

Siga sempre esta regra: **Eliminar, Automatizar ou Delegar.**

O que você não sabe fazer ou não é tão bom, você elimina e, em seguida, automatiza, como o uso de ferramentas de automação de marketing, por exemplo.
O que você não consegue automatizar, você delega, buscando parcerias com outros profissionais. Um exemplo disso é a plataforma www.workana.com, onde é possível encontrar bons freelancers para ajudar em seu negócio, pagando um preço justo.
Lembre-se de que desempenhar o papel de empreendedor é fundamental para o sucesso do seu negócio online. Ao focar nas suas habilidades e contar com o suporte adequado, você estará no caminho certo para alcançar seus objetivos.

[7] Não temos nenhum tipo de parceria comercial com a empresa Workana, estamos apenas indicando os seus serviços.

1.1 - O que é Mindset?

Mindset é uma expressão que significa literalmente "configuração de mente". Refere-se às suas crenças, valores e visão de mundo, como você interpreta situações, o que te deixa deprimido ou motivado, como enfrenta problemas e dificuldades da vida, entre outros aspectos.

De forma simples, é como a sua mente se configura e adapta a esse mundo. Podemos compará-la a um computador, com seus softwares, sistemas de memória, processamento e armazenamento de dados, porém muito mais complexa e dinâmica. Nosso mindset é influenciado por nós mesmos, pelo mundo ao nosso redor e pelas pessoas que nos cercam, sendo moldado pela nossa vivência.

Esse é um assunto importante, não é mesmo? Segundo a psicóloga Carol S. Dweck, especialista nessa área e professora da Universidade de Stanford nos Estados Unidos, existem dois tipos de mentes: a fixa e a progressista. A mente fixa é da pessoa que acredita que seus dons, crenças e valores são imutáveis, que nasceu de uma determinada forma e não precisa passar por muitas mudanças ao longo da vida para ter sucesso. Essas pessoas não gostam de aprender coisas novas e têm medo do desconhecido.

Tanto no âmbito profissional quanto no pessoal, uma pessoa com uma mentalidade fixa tende a ter mais pensamentos negativos e ficar estagnada e desmotivada diante de situações difíceis que fogem do comum e do familiar. Elas não se sentem confortáveis em aprender novos conceitos, dependem muito da opinião dos outros e evitam grandes responsabilidades por medo de não conseguir lidar com elas adequadamente.

O segundo tipo de mentalidade é a progressista, também chamada de mentalidade de crescimento. Essas pessoas gostam de inovar, são criativas, estão sempre dispostas a aprender coisas novas, enfrentar desafios e não têm medo do fracasso. Elas estão constantemente empenhadas em aprimorar seus talentos e habilidades.

O mindset pode influenciar diretamente nosso sucesso pessoal e profissional. Desenvolver uma mentalidade de crescimento é fundamental para buscar constantemente o aprendizado, superar desafios e alcançar nossos objetivos. Ao entender o poder do mindset e trabalhar para cultivar uma mentalidade progressista, abrimos portas para o crescimento pessoal e para o alcance de realizações significativas em nossas vidas.

A mentalidade progressista é essencial para o sucesso de qualquer empreendedor. Mas como podemos desenvolver essa mentalidade? A resposta é simples: reconfigurando nossa mente, adotando novas crenças e valores que façam mais sentido para nós, nosso negócio e as pessoas que pretendemos ajudar. Lembre-se de que você tem um negócio para ajudar os outros.

Talvez você acredite que nunca será capaz de construir um negócio de sucesso. Talvez tenha medo do fracasso ou receio de deixar seu emprego atual, se estiver trabalhando. Talvez pense que não será capaz de se aposentar tendo um negócio próprio. No entanto, todas essas são crenças falsas que precisamos desafiar e reprogramar em nossa mente. Diga ao seu cérebro que tudo isso é mentira. Você pode construir sua aposentadoria hoje mesmo, por exemplo, economizando dinheiro e gastando menos do que ganha. Você pode desfrutar de mini aposentadorias ao longo da vida, em vez de esperar até ficar velho e próximo da morte. Outra opção é abrir uma empresa como Microempreendedor Individual (MEI) e contribuir para o INSS, ou ainda investir em um plano de aposentadoria privada. Além disso, se você não gosta do seu emprego atual e ele só traz infelicidade, pode se planejar para deixá-lo e se dedicar ao seu próprio negócio. Entende?

O sucesso do seu negócio dependerá do seu mindset, ou seja, da sua mentalidade. Invista na sua mente, invista no seu crescimento pessoal. A maioria das pessoas que negligencia o desenvolvimento de uma mentalidade progressista acaba frustrada no início ou no meio do caminho em seus negócios, e então atribuem a culpa ao sistema, ao governo, à política, às pessoas, enfim, a tudo, menos a elas mesmas. Não cometa esse erro. Você e sua mente são os responsáveis pelo seu sucesso ou fracasso nos negócios. Assuma esse compromisso com você mesmo, de que você vai conseguir.

Muitos profissionais ficam estagnados e paralisados em suas carreiras por terem uma mentalidade de escassez. É uma mentalidade em que eles culpam os outros pelo seu fracasso. São pensamentos e crenças limitantes que acabam sabotando seu potencial para alcançar o sucesso. Talvez você esteja cético em relação a esse assunto de mentalidade neste momento, mas eu também era assim no início. Não acreditava que era possível ganhar dinheiro vendendo conhecimento. No entanto, percebi que só obtive resultados e sucesso em meus negócios quando mudei meus pensamentos. Por esse motivo, considero esse assunto o mais importante de todos.

Abaixo, coloquei um infográfico para você entender que, quando você gera valor para alguém, resolve um problema, alivia uma dor e proporciona uma transformação, como um livro de mentoria sobre como construir um negócio online de sucesso ou um curso online de mentoria em mindset empreendedor, o dinheiro é simplesmente transferido da pessoa que recebeu o valor para você ou sua empresa. Você não está "ganhando" dinheiro; ele simplesmente está mudando de mãos. Veja abaixo:

Por fim, tenha sempre fé, esperança e confie em Deus. Seja resiliente e não se entregue ao primeiro fracasso ou dificuldade que surgir em seu caminho. Continue perseverando com seu negócio, pois um dia o sucesso chegará. Faça um exercício mental e acredite em si mesmo, mesmo que ninguém mais acredite. Permita-se sonhar alto e imagine um futuro próspero para o seu negócio. Em seguida, empenhe-se em alcançar esse sucesso.

Aqui estão algumas lições que selecionei para que você possa desenvolver um mindset de sucesso:

Acredite em si mesmo e em suas habilidades.

Seja persistente e não desista facilmente.

Aprenda com os erros e veja cada obstáculo como uma oportunidade de crescimento.

Esteja aberto a aprender e buscar conhecimento constantemente.

Cerque-se de pessoas positivas e inspiradoras.

Tenha metas claras e estabeleça um plano para alcançá-las.

Mantenha o foco e a disciplina em seu trabalho.

Esteja disposto a sair da sua zona de conforto e enfrentar desafios.

Seja grato pelo que você já conquistou e celebre as pequenas vitórias ao longo do caminho.

Cultive uma mentalidade de abundância e acredite que há oportunidades ilimitadas ao seu redor.

Lembre-se sempre de que sua mentalidade desempenha um papel crucial em seu sucesso. Cultive um mindset positivo, progressista e determinado, e você estará preparado para superar qualquer obstáculo e alcançar grandes conquistas em seu negócio.

Conteúdo Complementar:

- [Mapa Mental da Aula](#)
- [O HOMEM UNIVERSAL Amor é fazer o bem ao outro - Keppe:](#)

Exercício Prático: Do Zero à Primeira Venda

Objetivos desse exercício:

Para que você dê o primeiro passo em seu negócio em direção às suas **metas, objetivos, e sonhos.**

Simplificar o máximo possível para que você destrave a sua mente, e perca o **medo/insegurança** de errar ou fracassar.

Para que você pare de se **sentir perdido, sobrecarregado, ou sem saber como ou por onde começar.**

E também você saber que realmente é possível que não é apenas possível para os outros, **mas para você.**

Eu Acredito no seu Sucesso e **Você deve acreditar mais ainda nele.**

PS: Acredito quando você consegue o primeiro dinheiro com venda online ou em um negócio físico, tudo muda em sua mente, ela se abre e se expande para um mundo de possibilidades, **você perde o medo, insegurança**, fica mais confiante, você começa a acreditar que é possível, você diz, agora entrei em **CAMPO DE BATALHA**, é isso mesmo, você está em **guerra mental** e vai vencer se **tiver estratégias de vendas** que conquistem o seu cliente, seja **um soldado** que sempre avança em rumo aos seus objetivos, metas e sonhos.

O nosso primeiro exercício mental consiste em aprender a **vender, grave isso, a VENDA, é a sua maior META**, se você souber vender, seu negócio vai bem, simples assim, a maior parte dos negócio não vão para frente porque a empresa não deu devida atenção as vendas. Anote isso:

www.upcarreira.com.br

"Empreender é Vender". Flávio Augusto.

O Exercício então consiste em você treinar a técnica de venda.

Escolha um produto/serviço extremamente simples que algumas pessoas precisam e você pode oferecer por exemplo, uma coisa que esteja parada em sua casa como um óculos usado, um livro que você não lê mais, para vender você faz um cadastro no site do mercado livre: www.mercadolivre.com.br ou se for roupa/sapato, você pode vender no site do Enjoei: www.enjoei.com.br ou https://www.repassa.com.br/ pode ser uma roupa de em parente, esposa (o), etc.

Não importa o valor que você vai vender, se é R$1000,00 ou R$100,00 ou R$10,00 o importante nesse exercício é você quebrar a **barreira mental.**

Lembre-se o objeto é você quebre a **barreira mental** e **sair do zero**. Isso vai fazer você ter uma **motivação extra** para continuar avançando em seu negócio.

Ação 1:

Escolha e escreva o produto ou serviço que você vai vender que seja extremamente simples e que tenha demanda (que as pessoas queiram comprar).

Ação 2:

Escreva quem é o seu Público-Alvo, ou seja, as pessoas que precisam da sua Solução.

Escolha o público alvo correto, não tente vender por exemplo sapatos de mulher para homens e que não sejam casados, esse é o maior problema de quem não consegue vender seja online ou no mundo físico, errar o **público-alvo**.

Você tem que saber bem quem é o seu público-alvo, fique tranquilo, você aprenderá tudo sobre essa técnica no capítulo 2, mais agora o exercício é a quebra de padrão mental, tudo bem?

Para dominar a técnica da venda, você precisa atender a **necessidade do mercado**, pois sem isso, você nunca vai vender.

Então para você fechar a primeira venda, tente pensar em seus familiares ou amigos, será bem mais fácil vender algo para eles, concorda?

Lembre-se você já faz isso naturalmente quando indica um filme, um produto ou serviço ou profissional que contratou e gostou, neste caso você vender uma IDEIA para ele (a).

Não a nada de errado em vender para um parente ou amigo, se você acha isso, certamente é uma **CRENÇA LIMITANTE** que está bloqueando a sua MENTE, e é isso que esse exercício vai quebrar.

Tente pensar em algo que poderia ajudar um parente/amigo seu como por exemplo, seu amigo tem um negócio físico e ainda não tem uma página do Facebook ou uma conta no instagram, e você oferece para criar para ele esse serviço.

Você vai **AJUDAR** muito esse seu negócio e essa pessoa também.

PS: Não se subestime! Muita das vezes não RECONHECEMOS nossos verdadeiros CONHECIMENTOS e HABILIDADES. Nuca faça isso, fortaleça seu MINDSET de que você tem algo SIM a oferecer. Começa agora a colocar em prática e verá o resultado!

Ação 3:

Vamos montar uma tabela que vamos chamar de tabela de transformação:

(ANTES) da compra e (DEPOIS) da compra do seu produto/serviço pelo seu público-alvo.

PS: Vendas é simples: as pessoas não querem comprar produtos/serviços. O que elas realmente querem e pagam é pelos Resultados (transformação) que o seu produto/serviço oferece.

O seu público-alvo tem uma dor, medo, e/ou vontade (Antes), que será resolvida usando o seu produto/serviço (Depois).

Ter essa Ideia em Mente é fundamental para você vender o seu produto/serviço de forma naturalmente e eficaz.

Responda as perguntas abaixo e monte a tabela:

1 - O que seu potencial cliente (prospecto) TEM ANTES do seu produto/serviço? O que seu potencial cliente TEM DEPOIS da compra do seu produto/serviço?

2 - Como seu prospecto se SENTE ANTES do seu produto/serviço? Como seu prospecto se SENTE DEPOIS do seu produto/serviço?

3 - Como é o DIA COMUM na vida do seu prospecto ANTES do seu produto/serviço? Como é o DIA COMUM na vida do seu prospecto DEPOIS do seu produto/serviço?

4 - Qual o STATUS do seu prospecto ANTES do seu produto/serviço? Qual o STATUS do seu prospecto DEPOIS do seu produto/serviço?

	Antes	Depois
Ter		
Sentir		
Dia Comum		
Status		

Vou dar um exemplo de um desenvolvimento de um site para um Dentista

O dentista é transformado da seguinte forma:

	Antes	Depois
Ter	Nenhuma divulgação online	Presença/Divulgação Online Profissional
Sentir	Frustrado por não acharem sua clínica e perder novos clientes	Confiante, feliz pelo profissionalismo e crescimento da clínica
Dia Comum	Cheio de perguntas, dúvidas e reclamações pela falta de informação	tranquilo e produtivo, seus novo clientes, contratam seus serviços sem questionar muito
Status	Dono de clínica ultrapassada	Dono de clínica moderna e de Sucesso

Agora perceba que se você fizer esse tipo de marketing e vendas, respondendo essas perguntas, fará mais sucesso que a maioria das pessoas.

Depois disso os argumentos persuasivos e sua oferta saem quase automaticamente, veja abaixo:

"Para você que é dono de uma clínica de dentista e não consegue arrumar novos clientes por eles não acharem a sua clínica, não precisa ser mais assim. Agora sua clínica pode ter um site profissional e ter uma presença online onde todos te acham, admiram e confiam."

Ação:

Responda as perguntas acima sobre o seu público-alvo e preencha a Tabela da Transformação Antes/Depois.

	Antes	Depois
Ter		
Sentir		
Dia Comum		
Status		

Ação 4:

Agora vamos pensar no CANAL que você vai divulgar o seu produto/serviço escolhido, se você escolheu ou vai começar pelos seus parentes, familiares ou amigos, pense onde é o lugar mais comum para se comunicar com eles.

Exemplo de canais: Whatsapp, Telefone Celular, Facebook Messenger, E-mail, Pessoalmente.

Você ainda pode usar sites que são especializados em conectar pessoas que precisam de um trabalho (Cliente) como fazer um site/blog, criar um logotipo, fazer pesquisa de mercado, fazer um oferta ou carta de venda, criar uma apresentação em vídeo, enfim, todo serviço que uma empresa necessita com alguém que oferece (você) esse tipo de serviço, como é o caso dos sites abaixo:

www.workana.com
www.99freelas.com.br
www.getninjas.com.br

Basta você cadastrar em algum deles, procurar por projetos (ou seja, demandas de clientes) e fazer a sua oferta/proposta.

Você ainda pode pode começar em diversos outros canais, como grupos do whatsapp, facebook, fóruns, mercado livre (produtos físicos), etc.

Importante: Note que essas últimas formas são comunicação menos "pessoais" e mais em "massa", portanto tende a vender (converter) menos e ser mais trabalhoso para criar um mensagem personalizada como fizemos no exemplo do dentista.

Por isso é mais recomendável começar pelo whatsapp, facebook messenger, telefone celular, pois o relacionamento, confiança e comunicação são mais forte.

Ação: Escreva onde você irá se comunicar com o seu público-alvo.

Ação 5: Gere Valor antes

"As pessoas não gostam que você venda para elas. Mas lembre-se que elas adoram comprar."- Jeffrey Gitomer. Referência em Vendas.

A forma mais comum que as pessoas tentam vender um produto é:

"Oi, tenho um produto, compre, compre, compre...Ei não vai comprar? Compra aí!"

O grande problema que são bombardeados todos os dias com esse tipo de abordagem o nosso cérebro já criou o mecanismo de defesa, simplesmente falamos NÃO.

É só reparar no seu próprio comportamento ao receber uma abordagem de um vendedor, sempre ficamos na defensiva.

Qual é a solução então?

Gerar valor antes.

Gerar valor é simplesmente AJUDAR o seu potencial cliente, você vai **ajudá-lo antes** de oferecer o seu produto/serviço.

Como se faz isso? É simples, você vai se colocar no lugar dele, vai pesquisar a solução e vai elaborar um relatório, um material em forma de PDF, escrito, uma ligação, ou seja, qualquer coisa que ajude resolver alguma dor específica desse potencial cliente.

No exemplo do dentista por exemplo, poderia mostrar para ele um relatório de quantos novos clientes ele teria a mais se tivesse um site, e passar um dica simples para ele criar um blog por exemplo com dicas de limpeza dentária ou algo desse tipo.

Porque gerar valor antes? Porque quando você faz isso você estreita ou cria um relacionamento, afeição, e confiança com o seu potencial cliente.

Usando essa estratégia você se torna um **AUTORIDADE** e referência para o seu potencial cliente, ele começará a te ver como alguém confiável e desejável.

www.upcarreira.com.br

Você também gerará com essa ação de ajudar o seu potencial cliente um **SENTIMENTO DE GRATIDÃO**, ele vai querer retribuir de alguma forma a ajuda, e essa ajuda virá contratando o seu serviço quando no momento certo você oferecer de forma que ensinamos na tabela da transformação.

Ação: Escreva o que você pretende Gerar de Valor para o seu público-alvo, antes mesmo de pedir ou oferecer qualquer coisa.

Ação 6: Crie uma Oferta Irresistível

Chegou o momento de oferecer a sua solução, tenha muita atenção nesta hora, a maioria erra nesta parte, e acaba infelizmente colocando a **CULPA NO PRODUTO/SERVIÇO**, no Sistema, na Economia, no seu Potencial, etc.

Lembre-se não adianta só você ficar gerando valor e não oferecer o seu produto/serviço para seu potencial cliente, você precisa fazer a oferta para ele, deixando claro para ele que você tem a SOLUÇÃO PARA SEU PROBLEMA.

Não TEMA, essa parte, ofereça o seu produto/serviço.

Basta você utilizar a tabela da transformação do seu potencial cliente. Pense bem na oferta, utilize palavras poderosas, ofereça bônus, garantias, atendimento personalizado, etc.

Vamos falar mais sobre esse assunto no capítulo sobre marketing digital.

Ação 6b: Não desista na primeira vez

Essa ação é bem simples, você vai oferecer o seu produto/serviço para várias pessoas, a maioria vai falar não, na internet chamamos isso de taxa de conversão, exemplo, você oferece seu produto para 100 pessoas e somente 1 comprou, sua taxa de conversão é de 1 para 100 ou seja, 1%, é uma taxa normal na internet, já que estamos abordamos muitas pessoas e nem todas as pessoas estão no seu momento de compra.

A maioria das pessoas param no meio do caminho quando recebem os primeiros **"Não"**, nunca faça isso, lembre-se que quando mais **"Não" você receber,** mais próximo estará do **"Sim"**, esse "Não" não é para você, é para a sua Oferta em específico, portanto, coloque em sua MENTE que a cada "Não", você vai estar mais próximo do "Sim" que tanto busca.

Qual a taxa de conversão ideal? depende, se você estiver vendendo para conhecidos, talvez seja 20, 30 ou até 40%, as se for para desconhecidos e na internet talvez seja 5%. Tenha sempre em mente suas metas de vendas e metas de prospectos, assim você prioriza os esforços que precisa fazer para alcançá-las.

Ação: Então a ação 6b é simplesmente não desistir e escrever em um post-it ou pedaço de papel:

"Eu não vou desistir, não importa quantos não eu tomar, apesar de qualquer coisa, estou cada vez mais próximo de receber o SIM".

Escreva sua meta de vendas e sua meta de prospectos (quantos potenciais clientes você vai conversar).

Ação 7 - Quando?

Objetivos e metas sem prazo, viram apenas vontade, ou seja, "quem sabe um dia eu conseguirei você diria..."

É essencial que você estabeleça um prazo exato e específico para a sua meta, assim você se esforça para realizá-lo ao invés de procrastinar. Vamos falar também no primeiro capítulo sobre esse assunto sobre procrastinação.

Exemplo Fracos e Errados de estabelecer prazos para as suas metas:

"Ano que vem vou criar minha empresa X e fazer Sucesso".
"Nas minhas férias eu começo meu negócio".
"Prazo de até próximo mês para começar meu negócio".

Exemplo Forte e Correto: Até o dia XX/YY/20WW para começar meu negócio de sucesso.

Ação: Escreva abaixo qual o prazo das suas

metas Recapitulando:

Ação 1: O que escolher e o que vender? Escolher algo simples que alguns queiram comprar.

Ação 2: Como vender? Escolhendo o público-alvo

Ação 3: Marketing e Vendas: A importância de "Saber Vender" de uma forma simples através da tabela de transformação Antes/Depois.

Ação 4: Onde? Aprendeu a definir canais de comunicação mais efetivos para a sua estratégia.

**Ação 5: Gere Valor Antes: Não empurrar produtos/serviços para o seu prospecto, mas gerar valor antes, criando relacionamento, conexão, confiança, autoridade e reciprocidade com o seu potencial cliente.

Ação 6: Oferecer: você aprendeu que depois que você gerou valor para seu prospecto você deve oferecer a solução de maneira Clara e Persuasiva. Que é necessário focar nos benefícios e resultados que seu potencial cliente irá receber com o seu produto/serviço.

Ação 6b: Não Desista: Aprendeu que é normal receber mais "Não" do que "Sim" e como é essencial para definição de Metas quanto para alcançá-las. Definiu também suas Metas e Submetas.

Ação 7: Quando? Você estabeleceu um prazo específico para que tome uma ação e atinja seus objetivos e avance.

Vimos neste tópico como uma mudança de mentalidade pode gerar resultados surpreendentes, essa ideia funciona assim:

Pensamentos → Sentimentos → Ações =

Resultados TUDO começa em um Pensamento seu.

Depois aquele pensamento, gera um Sentimento que em seguida gera uma Ação.

E, só depois, gera um Resultado, ou seja, você chega ao Resultado.

Perceba que o Resultado é o último fator desse processo.

Isso quer dizer que se algo der errado nos resultados, é porque algo deu errado nas etapas anteriores!

Se você quer mudar seus resultados hoje, você tem mudar sua maneira de PENSAR, ou seja, seus Pensamentos, ou melhor dizendo, sua Mentalidade (Mindset).

Meus estudos, minha vivência em negócios e dos principais empreendedores de sucesso, tem-se baseado nessa ideia.

Inclusive um dos estudiosos neste assunto o T. Harv Eker em seu livro best seller chamado "Os segredos da mente milionário" destaca os seguintes Princípios de Riqueza:

A.	Os seus rendimentos crescem na mesma medida que você cresce!
B.	Se você quer mudar os frutos, primeiro tem que trocar as raízes - quando deseja alterar o que está visível, antes deve modificar o invisível.
C.	Dinheiro é resultado, riqueza é resultado, saúde é resultado, doença é resultado, peso é resultado. Vivemos num mundo e causa e efeito.
D.	Em 5 minutos posso prever o futuro financeiro que você terá pelo resto da sua vida.
E.	Pensamentos conduzem a sentimentos. Sentimentos conduzem a ações. Ações conduzem a resultados.
F.	Quando o subconsciente tem que optar entre a lógica e as emoções profundamente enraizadas, as emoções quase sempre vencem.
G.	A sua razão ou motivação para enriquecer ou fazer sucesso é crucial. Se ela possui uma raiz negativa, como o medo, a raiva ou a necessidade de provar algo a si mesmo, o dinheiro nunca lhe trará felicidade.
H.	O dinheiro é extremamente importante nas áreas que produz resultados e insignificante nos campos que não tem utilidade.
I.	A pessoa que se queixa torna-se um imã de coisas ruins viva e pulsante.

Se você quer MUDAR os Resultados, você tem que ir na Raiz/Causa mudando seus pensamentos e sentimentos, ou melhor dizendo, MUDANDO sua Mentalidade.

Lembre-se os Resultados vão aparecer com o tempo com a prática de executar cada etapa passo a passo, mas o seu PRIMEIRO PASSO rumo ao sucesso será a Mudança de Mentalidade (Mindset), os próximos passos vão tem que ser bem executados, mas se você não tiver a Mentalidade Correta para os negócios, não terá os resultados esperados.

Bem resumindo é isso, vamos dar continuidade ao nosso estudo sobre Mindset.

1.2 - Os 4 aspectos de um negócio de sucesso

"Você pode ter tudo o que quiser nesta vida se antes ajudar as outras pessoas a terem tudo que elas querem" Zig Ziglar

Os 4 aspectos de um negócio de sucesso são: Paixão, Habilidades, Mercado/Demanda, Mídia (Marketing), eles estão totalmente ligados ao seu mindset empreendedor que aprendemos até aqui.

Veja o infográfico abaixo para ilustrar esse conceito:

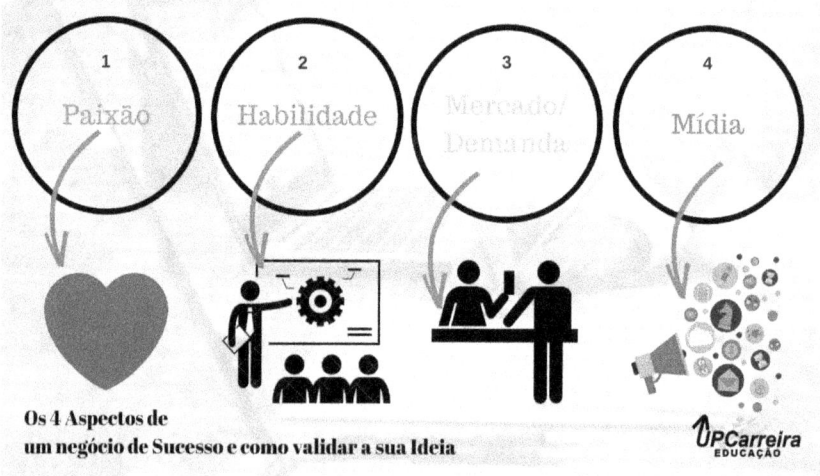

Vamos aprender sobre estes 4 aspectos na prática para você começar o seu negócio online com o mindset correto, segue abaixo a explicação sobre esse infográfico:

Paixão: você precisa ter paixão pelo o que faz, exemplo eu gosto de computador e ensinar as pessoas a consertarem computador, pronto, esse seria o primeiro caminho para abrir um negócio, gostar do que faz.

Habilidade: você precisa ter habilidade no que faz para poder ajudar alguém, concorda? como ajudar alguém em algo sem conhecimento?

neste caso tem duas opções, você estudar e adquirir habilidade fazend um curso, treinando sozinho, ou buscar fazer parceria com um especialista etc.

No meu caso, para eu aprender a consertar computador, eu comecei a desmontar o meu próprio computador, perguntar para meus amigos que sabiam mais que eu, comecei a arrumar computador de graça de meus amigos, enfim, pus a mão na massa para aprender, pesquisei bastante, quebrei a cabeça, e consegui mais habilidade dentro daquilo que gostava, logo, muitos começaram a me procurar por causa dessa habilidade que adquiri estudando e aprendendo na prática.

A situação ideal é que você seja um empreendedor que conheça um pouco de tudo, e conforme você for tendo lucro, você **delega as partes técnicas do seu negócio aos profissionais especializados**, você pode ser o melhor técnico do mundo, ter muitas habilidades técnicas dentro do seu negócios, mas se não tiver o mindset correto de poder delegar, você não conseguirá ter o sucesso e resultados esperados, pois você vai se cansar e perder o foco no seu negócio.

Dica Importante:

- ❖ Não é possível ser **empreendedor** e um **técnico operacional** ao mesmo tempo, você deve ser um empreendedor e não um técnico, pode até saber de tudo um pouco, mas delegue para as pessoas capacitadas a executar as tarefas operacionais mais importantes como essas 3: **Marketing Digital (Site, Página de Vendas, E-mail Marketing, Logo, etc), Atendimento ao Cliente e Suporte (Fidelização do Cliente).**

- ❖ Você deve se preocupar em ajudar esses 3 setores a ser cada vez melhor, pode até ajudar e participar, mas nunca fazer tudo, você deve ser a pessoa que INOVA, a pessoa que traz ideias novas para o negócio se destacar de seus concorrentes, lembre-se juntos podemos ir mais longe e termos resultados mais rápido do que sozinho. Isso já aconteceu comigo e com a maioria dos empreendedores no início, fazemos de tudo e acabamos ficando sem foco, estressados, e o que é pior, doentes ou sem energia para continuar com o mesmo entusiasmo do início do negócio, por isso faço sempre questão de falar sobre esse assunto e repetir, faça de tudo para sair da parte operacional da empresa e se tornar um empreendedor do seu negócio.

Mercado: É o local no qual agentes econômicos fazem a troca de bens por uma unidade monetária ou por outros bens. Para que você consiga vender o seu produto ele tem que ter um mercado ou demanda pelos seus serviços, de uma forma bem simples, é o seguinte, quantas pessoas precisam do seu serviço? Seu mercado é amplo ou pequeno? Quanto elas estão dispostas a pagar por ele? Você deve fazer uma pesquisa sobre seu mercado antes de querer lançar o seu produto, quanto maior o número de interessados melhor.

Esses 3 primeiros aspectos de um negócio de sucesso formam uma força que podemos chamar de força do Amor que leva as pessoas a uma possibilidade de mudança e transformação de vida, siga sempre em seu negócio, essa equação abaixo:

$P + H + \$$ (*Lucro no Mercado de Nicho*)

P = paixão
H = habilidade
$ Lucro

Siga sempre esse modelo de força:

Faça o que gosta, adquira cada vez mais habilidade para ser tornar um especialista dentro do seu nicho de mercado escolhido para poder ajudar os outros e por último escolher um nicho que lhe dê lucro, ou seja, que tenha um determinado número de pessoas considerável que estejam dispostas a pagar pela sua habilidade em ajudar.

Mídia Digital: A mídia digital é o canal de transmissão de informação do seu negócio por meio da internet, podendo ser um site, redes sociais, fóruns etc.

Você pode ter o melhor produto ou serviço, pode ter **paixão** pelo que faz e ter **habilidade,** mas se seu negócio não for divulgado e conhecido, provavelmente ele não vai vender, o seu negócio não vai para frente.

O investimento nas mídias digitais é fundamental para divulgação de seu negócio, pois como o alcance da internet é grande, mais pessoas poderão conhecê-lo mais, você poderá ter um melhor **posicionamento de sua marca** e demonstrar a sua **autoridade no assunto que está vendendo**, com isso mais pessoas vão querer comprar de sua empresa.

1.3 - As 3 Bases de um Negócio de Sucesso: Deus, Saúde, Família/Amigos

"Se algum de vós tem falta de sabedoria, roga a Deus, que a todos concede liberalmente, com grande alegria. Todavia, peça-a com fé, sem qualquer sombra de dúvida.." Tiago 1:5

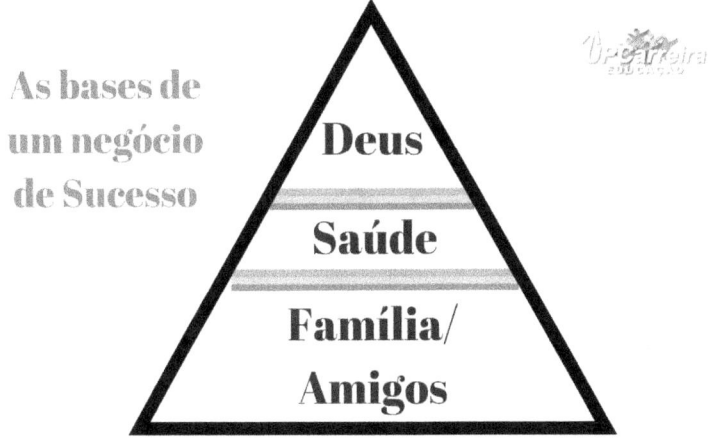

Vimos até aqui conceitos importantes como **Mindset Empreendedor** e os **4 aspectos para um negócio de sucesso**, mas agora gostaria de acrescentar as **3 bases de um negócio de sucesso**, sem os quais um negócio não se sustenta. Essas bases vão lhe proporcionar **energia espiritual, energia física e energia emocional** que vão lhe ajudar a ter **energia mental (Mindset empreendedor)** e **Energia para os Negócios**, com isso, as chances dele se tornar um sucesso são muitos maiores.

Em primeiro Lugar é Deus, pois ele é a nossa fonte de Sabedoria e inspiração, ele é nosso criador e conhece toda a nossa estrutura física, psicológica, espiritual, nada melhor que ir direto à fonte criadora para nos ajudar a termos um Mindset vencedor para a vida e para os negócios, ele nos proporciona **Energia Espiritual** sem a qual nenhum negócio na vida pode seguir em frente.

Deus nos fortalece e nos incentiva a perseverar no caminho do bem, assim como seu Filho Jesus nos ensinou a amar ao próximo como nós mesmo. Jesus foi e é É o **modelo perfeito** a ser seguido de como **ajudar o próximo, como fazer o bem, como servir as pessoas**, não se trata aqui de religião, mas de um fato e constatação não só por mim, mas por muitos líderes espirituais como Dalai Lama, Madre Teresa de Calcutá, políticos como: Martin Luther King, Abraham Lincoln, cientistas como Albert Einstein, Galileu Galilei, Médicos Psiquiatras e Psicanalistas como Augusto Cury, Norberto R. Keppe, entre outros, reconhecendo que Deus e Jesus são um modelo a serem seguidos para quem quiser fazer o bem e ter sucesso na terra, porque eles nos ensinam na prática o caminho da paz e verdadeiro Amor que o mundo não pode nos dar e nem mesmo nos ensinar.

Por fim, seu negócio terá muito mais sentido quando você ajudar as pessoas por meio do **Amor**. Neste Caso, conte sempre com a ajuda de Deus e siga o modelo de Jesus.

A segunda base da nossa pirâmide é a Saúde, não adianta nada você ter um negócio lucrativo e que lhe dê muito dinheiro, mas que faça você perder a sua saúde ou debilitá-la, sei, por experiência, que é muito dolorido, trilhar um caminho de trabalhar horas excessivamente somente para ter lucro, não se esqueça que seu corpo não é uma máquina, ele fica doente, ele é frágil.

A Grande dica aqui é você buscar ajuda de um nutricionista ou pesquisar na internet como ter uma vida saudável com alimentação leve com baixo índice de gorduras saturadas, baixo consumo de açúcares e comidas processadas e a prática diária de exercícios físicos de pelo menos 30 minutos, divididos em seções durante o dia de caminhada a pé, bicicleta, natação, ou seja, qualquer atividade que você movimente o seu corpo.

Cuidar da sua mente também é cuidar da saúde, segundo *Augusto Cury,* nossa sociedade está doente pelo excesso de informação, somos ansiosos, tudo tem que ser rápido e tem estar pronto, nossos fluxos de pensamento estão acelerados, tudo que exige esforço, nós não queremos fazer, pois estamos com a mente cansada. Seus estudos indicam que não aprendemos nas escolas por exemplo a lidar com as nossas emoções, com as pressões e dificuldades da vida.

Devemos cuidar da nossa Alma ou mente, devemos nos blindar de tudo aquilo que gera ansiedade e nos deixa para baixo e deprimidos, devemos reprogramar a nossa mente para termos uma vida mais saudável, mente sã, corpo são diz o ditado, a procura por profissionais como psicanalista e psicólogos podem ajudar neste processo de cuidarmos de nossa mente, pois às vezes temos bloqueios dentro dela de coisas que aconteceram em nossa infância ou traumas do passado que precisam ser tratados para que possamos seguir nosso caminho mais leves e mais felizes, a prática da meditação e oração também pode ajudar, ficar em silêncio e conectados somente com Deus o nosso criador pode nos trazer uma grande paz que o mundo não pode nos dar.

A terceira base de sucesso de nosso negócios é a nossa Família e Amigos: uma parte também importante do seu negócio é a sua família e sua rede de relacionamento, incluindo seus amigos, familiares e pessoas que você gosta, ele são agentes que devem lhe motivar e dar sentido para viver. Porquê? O ato de poder ser útil a alguém lhe dará energia e te dará sentido de viver, você deve procurar o que motiva você a trabalhar e ter um negócio, faça a pergunta qual o sentido de ganhar dinheiro? a resposta não é ganhar dinheiro em si e comprar tudo que desejamos, mas a melhor resposta que gostaria de lhe passar é essa abaixo:

"Trabalho para ajudar minha família e pessoas que amo a ter uma vida melhor com saúde e paz, o dinheiro não é a motivação para que eu trabalhe, a motivação é ser útil para quem eu amo, pois se o dinheiro for a base da minha motivação e comprar coisas for a base dos meus interesses, um dia vou enjoar das coisas, vou me cansar de comprar, e o meu negócio não terá mais sentido para mim, pois o meu agente motivador era algo perecível que perdeu o seu valor com o tempo. O agente motivador está sujeito a fatores externos como por exemplo,

uma ladrão, que pode roubá-lo, ou um sistema econômico que pode vir a abalar e desvalorizá-lo de uma hora para outra."

Todo o ser humano é regido basicamente por 5 Forças ou 5 energias que nos auxiliam a conquistar nossos objetivos seja ele para os negócios, estudos, vida pessoas etc.

Para que você tenha sucesso nos negócios você precisa buscar essas 5 energias através dos 5 passos abaixo:

Os 5 Passos para ter mais energia para os negócios[8]:
- Ore e Medite em Deus para a sua energia espiritual
- Alimente-se bem, pratique exercícios físicos e durma bem para a sua energia física.
- Abrace, beije a quem você ama, ria com eles para a sua energia emocional. "A jornada é melhor medida em amigos, e não em metros." *Tim Cahill*
- Planeje seus objetivos e use um calendário pela sua energia mental.
- Separe um bloco do tempo e atividades para sua Unica Coisa mais importante a ser feita pela sua energia para os negócios.

Segue um Infográfico que vai lhe ajudar a visualizar essas 5 energias:

[8] Livro a Única Coisa de Gary Keller e Jay Papasan - 2016

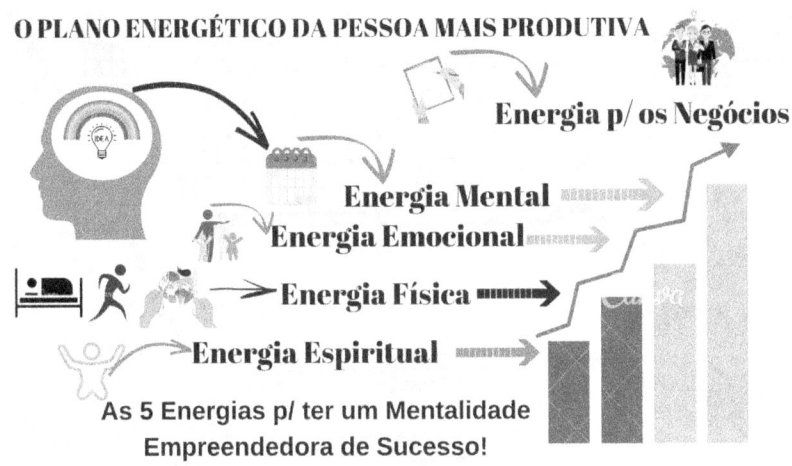

Conteúdo Complementar:

- Revista Online sobre Saúde Natural: https://www.jolivi.com.br/ [9]
- Bíblia Online Versão King James:
  http://bibliaportugues.com/kja/genesis/1.htm
- A Cura Pela Consciência - Programa O Homem Universal 379 - Dr. Keppe - https://www.youtube.com/watch?v=ObV9gp8fwQ4
- Filme: Na Natureza Selvagem (Into The Wild, 2007)
- Filme: A Procura da Felicidade (The Pursuit of Happyness, 2006)
- Filme: O Preço do Amanhã (In Time, 2011)

---

[9] Não temos nenhum parceria de negócios com a Empresa Jolivi, estamos apenas indicando seus serviços.

1.4 - Performance - Organização do Tempo, Espaço e foco na atividade única para ter Produtividade e Performance nos Negócios

Como Gerenciar o tempo, como me organizar meu espaço de trabalho e como focar para realizar as atividades do meu negócio? Essas são perguntas importantes que você deve ter em seu mente antes de começar o seu negócio para ganhar produtividade e performance em tudo que fizer.

Gerenciamento de Tempo: Muitos empreendedores, que já dei mentorias, não conseguem ao menos começar o seu negócio, por não saberem gerenciar o seu tempo durante o dia, muitos reclamam: não tenho tempo para começar o negócio, não tenho tempo para estudar, trabalho durante o dia e à noite estou cansado, ou não consigo focar, simplesmente fico travado.

Não se preocupe, pois, quando aprendemos ou começamos algo novo a tendência da nossa mente e **procrastinar**, a mente sempre vai querer economizar esforços e estacionar quando começamos algo novo, sempre ela vai acionar os gatilhos mentais: que não temos tempo, não dá, é muita coisa, isso não vai dar certo, estou cansado, etc.

Como fazer então?

Vamos começar com a organização do tempo de forma bem simples em 2 passos: **Planejamento e Execução do Tempo.**

Planejamento:

- Faça uma agenda diária anotando os seus horários livres e horários que você estará trabalhando. Exemplo: Na segunda feira tenho que ir ao mercado das 19:30 às 20:30. Anote quanto tempo livre você precisa por dia para fazer as suas tarefas pessoais, você pode utilizar uma planilha de excel para fazer isso também.
- Com o restante das horas, faça uma lista das atividades mais importantes que você considera para que seu negócio comece, você pode fazer uma divisão assim, lista trimestral de atividades, lista mensal, lista semanal e lista diária. Na lista diária, você vai fazer **uma única coisa apenas**, você não leu errado, você vai escolher dentro das atividades que você tem na lista aquela que é mais importantes como saber disso? Escolha a atividade que ao ser iniciada vai ajudar na execução de outras atividades. Exemplo: supondo que você já tenha um produto definido para vender, já encontrou seu mercado, seu ninho, já conhece seu público e agora precisa vender, o que é mais importante, criar um site para anunciar seu produto na internet ou criar um banner impresso para distribuição na rua? veja, fazer o site antes, vai ajudar quando você criar o banner, pois você vai colocar o endereço do site para os seus clientes verem ou comprar seu produto diretamente nele.

Execução:

- Compre um caderno para anotar suas tarefas diárias, um dia antes, planeje as tarefas do dia seguinte, pode ser à noite no final do dia, escolha apenas 3 tarefas mais importantes para o dia seguinte, o ideal é você começar o dia seguinte sem preocupações e com o seu mindset zerado;
  - organize também um dia antes o seu ambiente de trabalho, deixe tudo em ordem para que você não perca tempo na execução da suas tarefas, é muito importante você se Planejar um dia antes, arrume seu espaço de trabalho para o dia seguinte, à noite, anote apenas as atividade importantes e escreva qual o sua atividade única mais importante para o dia seguinte, no outro dia, não deixe nada e nem ninguém lhe interromper até você terminar essa atividade, ou seja, tenha Foco.
  - comece a trabalhar 5 a 10 minutos antes;
  - Siga esse ditado: **"Melhor feito do que bem feito"**, comece a fazer o que é mais importante do dia, ou seja, sua atividade única; **faça o que tem que ser feito sem procrastinar;**
  - Em seu calendário ou numa agenda virtual tipo google agenda; anote seu planejamento trimestral, mensal, anual;
  - Seja disciplinado e tenha foco em realizar as tarefas mais importantes apenas, o ideal é fazer uma tarefa por vez até terminar.
  - Aplique o princípio de Pareto 80/20, o Economista chamado Pareto percebeu em seus estudos que 20% dos esforços corresponde a 80% dos resultados, essa teoria foi aplicada em um estudo de distribuição de renda que ele fez na universidade e virou digamos regra geral no mundo dos negócios, você pode aplicar também 90/20 ou tirar 20% de 20% de 20% da sua lista de atividades até que reste apenas uma atividade mais importante a ser feita, leia mais sobre a Teoria de Pareto em: https://pt.wikipedia.org/wiki/Princ%C3%ADpio_de_Pareto

- desligue o celular, saia do facebook e redes sociais, não permita interrupções de pessoas;
- Não assista ao noticiário todos os dias
- Não Leia o jornal todos os dias
- Não acesse suas redes sociais todos os dias
- Não fique a par de tudo o que acontece na vida dos outros
- Planeje qual o horário você rende mais: de manhã ou à noite, separe as atividades por blocos, exemplo: responder e-mails de clientes, é melhor deixar juntar todos os email do dia e responder entre às 15:00 e 16:00 do que responder o dia todo e o tempo todo checando e-mail, nós rendemos mais quando temos pouco tempo para executar uma tarefa em lista, ou seja, quando fazemos uma atividade em lote e vez de uma por uma;
- Não responda e-mail após às 16:00, pois você poderá ter muitas preocupações à noite e ficará com insônia, segui essa regra: De manhã você Cria, de tarde você Gerencia e à Noite você Descansa e tira o tempo para lazer e atividades que lhe dão prazer.
- **Divida uma Tarefa grande em pequenas tarefas**, exemplo: Caso você queira escrever um Ebook como este com mais de 100 Páginas, comece a planejar e a escrever um Parágrafo por dia, ou 2, você vai estipular ou vou escrever todo dia 30 minutos, só não queira fazer tudo de uma vez, se você escrever um parágrafo por dia, você não vai se cansar e seu cérebro não vai dizer que não dá para fazer porque é muita coisa. Faça esse exercício para todas as tarefas grandes.

Resumo: Tome cuidado o quanto e como consome todas as informações que você tem disponível hoje, pode acreditar é muito mais que precisamos ou podemos suportar, excesso de informação tem deixado a sociedade doente, nossa mente num mundo tão globalizado e tecnológico com tanta opção de informação para consumir, ele funciona como um deus, não selecione o que quer consumir e não tem o controle do que vai ser gravado e armazenado em nossa mente, nossa mente fica como um computador que perdeu todo o espaço de memória e disco rígido, não cabe nada, isso tem gerado várias doenças como por exemplo crises de ansiedade, queremos parar de pensar, mas não conseguimos o controle, isso se tornou uma síndrome chamada de Síndrome do Pensamento Acelerado, ela é fonte de um estudo de um especialista em construção do pensamento, Augusto Cury, ele diz que o excesso de informação gera cansaço extremo em nossa mente a ponto de não fazermos mais as coisas com vigor e não vemos mais o mundo com bons olhos, sentimos que a nossa felicidade foi roubada, vou deixar alguns links para você se aprofundar nesse tema e ver que é importante você eliminar do seu dia a dia o excesso de informação:

Links Externos:
https://escoladainteligencia.com.br/dica-ei-a-sindrome-do-pensame nto-acelerado/

Síndrome do Pensamento Acelerado - Por Augusto Cury:
https://www.youtube.com/watch?v=LY9EibN54Fl

Ações Práticas: Tente se perguntar sempre:

- Eu realmente preciso dessa informação nesse momento?
- Eu vou utilizar essa informação de alguma forma, ela irá me ajudar com meus objetivos?
- De que maneira essa informação irá me ajudar com meus objetivos?

Frase: "Procure ser simples em tudo que fizer, limpe seus pensamentos, conquiste a simplicidade em tudo, tire o complexo da sua vida, e seja enfim mais Feliz e mais produtivo." Claudio Antonio

Gerenciamento do Espaço de Trabalho: Esse é um assunto muito importante e que também passa despercebido por muitos empreendedores que estão começando e também experientes. Seu ambiente de trabalho deve te apoiar em seus objetivos.

"Seu ambiente é quem você vê e o que você vivencia todo dia. As pessoas são conhecidas; os lugares, confortáveis. Você confia nesses elementos do meio e, muito possivelmente, nem para pensar neles. Mas tome cuidado. Qualquer um e qualquer coisa podem, a qualquer momento, dar uma de ladrão, desviando sua atenção do trabalho mais importante e roubando sua produtividade bem debaixo do seu nariz."[10]

Resumindo, as pessoas que estão ao seu redor no seu ambiente ou espaço de trabalho devem apoiá-lo em seus objetivos para que você tenha o melhor resultado possível com seus objetivos.

"Ninguém trabalha em um lugar isolado ou sozinho, neste espaço sempre existirá pessoas que influencia você. Esses indivíduos geram impacto em seu comportamento, saúde, performance, etc. Nós podemos copiar atitudes de algumas pessoas ao nosso redor apenas por trabalharem próximas, socializar com elas, ou simplesmente por conviver."[11]

Desde colegas a amigos e familiares, se eles andam contentes ou satisfeitos com o emprego ou em casa, provavelmente vão passar a parte da negatividade adiante. **O Comportamento é contagioso;** espalha-se facilmente. Por mais forte que você pense ser, ninguém é forte o bastante para evitar a influência da negatividade para sempre"[1]. O que fazer então? Segue uma lista a seguir feita por um Gary Keller e Jay Papasan, especialista em negócios e gerenciamento do tempo[1]

- Crie uma ambiente favorável para ajudá-lo a realizar a sua tarefa mais importante ou sou única coisa mais importante do dia (FOCO)
- Cerca - se de pessoas certas que lhe apoiam em seus objetivos, pois elas vão encorajá-lo e ajudá-lo
- Mantenha - se perto de pessoas que buscam o sucesso, leia livros de mentores que deram certo em seus negócios, se alimente e conviva com pessoas que você considere importante para seus valores e crenças

[10] Livro: A Única Coisa, Gary Keller, Jay Papasan.
[11] Livro: A Única Coisa, Gary Keller, Jay Papasan.

- Sua rede de relacionamento é mais importante para o seu negócio do que você imagina, ele tem um poder de modelar a nossas vidas sempre para melhor
- Com o tempo você começa a pensar e agir com quem as pessoas que anda
- Nossa mãe tinha razão quando dizia para não andarmos com más companhias
- "Cerca-se apenas de pessoas que vão colocá-lo para cima". Oprah Winfrey
- Ninguém chega ao sucesso sozinho e ninguém fracassa sozinho
- Lembre-se a Estrada para o seu sucesso está em construção, cabe a você não permitir se desviar do caminho pelas distrações do mundo (e-mail, whatsapp, televisão, etc) ao seu redor e das pessoas que não desejam que você permaneça nesse caminho.

Foco na atividade única: Faça uma lista de atividades do dia e separe os blocos de atividades que são mais importantes para o dia e foque somente nesta atividade até terminar, não permita distrações de pessoas e nem outras atividades, você será mais produtivo eliminando as distrações para que você cumpra sua atividade mais importante do dia.

Trabalhe de 1 a 4 horas por dia em seu negócio, não mais que isso, utilize os outros períodos para descansar, relaxar e distrair, separe um tempo para você, sua família e pessoas que ama, cuida do seu corpo, alma e mente isto lhe dará energia para fazer seu trabalho em menos tempo e com mais eficiência.

1.5 - Vencendo a Procrastinação e a Autossabotagem

"Quando procrastinamos, estamos tentando melhorar nosso estado de ânimo evitando fazer algo que nos parece desagradável". Tim Pychlyl

A procrastinação é a mania de adiar uma ação ou um tarefa, de "deixar para amanhã" - é um problema comum a todos empreendedores e profissionais de outras áreas, inclusive eu também passo por esse problema. Segundo o psicólogo Tim Pychlyl, da Universidade de Carleton no Canadá, a procrastinação é "na atualidade, o problema mais grave da educação".

Sabendo desse problema e que vai afetar diretamente o seu desempenho como empreendedor de sucesso, resolvi separar algumas dicas para você não procrastinar e também evitar a **autossabotagem**, ou seja, quando o seu inconsciente assume o controle das suas emoções e comece a ordenar o seu consciente dizendo mais ou menos assim:

Essa tarefa vai demorar muito deixe para depois, seu negócio não vai dar certo, pois a crise no país é muito grande, não adianta tentar abrir um negócio online, já tem muitos por aí que não conseguiram e por aí vai.

O que é o Sucesso? poderia resumir que sucesso é o seu Sonho mais a Realização dele, simples assim, mas para que você realize o seu sonho, você deve **executar** o que estudou e planejou, muitos até conseguem executar essa etapa, mas muitos também param no meio do caminho e não dão continuidade no primeiro obstáculo que aparece.

Quando um dificuldade aparece sua mente nesse momento começa a guardar informações negativas que algo não vai bem, somando a isso, temos os meios de comunicação com Televisão, Internet, Redes Sociais que nos bombardeiam todos os dias com mensagens negativas que reforçam a ideia que não vale a pena continuar com o projeto de criar um Infoproduto de sucesso por exemplo, você simplesmente paralisa e fica com a mente cheia de informação, você não consegue fazer mais nada. Procrastinação parece ser um problema de gerenciamento do tempo, mas não é, é um problema mais psicológico e mental, é um gatilho que é ativado pelo seu inconsciente quando uma dificuldade a aparece, a sua mente vai tentar economizar energia para as tarefas difíceis, colocando um monte de objeções para você não terminar a tarefa a ser realizada, ela vai te autossabotar. Vamos ver isso com mais detalhes logo em seguida.

Como vencer a Autossabotagem?

Esse termo Sabotagem segundo o dicionário significa:
"Ação ou efeito de sabotar (prejudicar). Ação de provocar prejuízos ou danos, tentando desta forma, impedir o funcionamento…" ou

"Isso se chama autossabotagem. São atitudes forjadas por uma parte de nós que não nos vê como merecedoras do sucesso..."[12]

Autossabotagem significa provocar prejuízo inconscientemente em si mesmo de forma a impedir o funcionamento das ações do consciente.

Para vencer a autossabotagem , você deve fazer autoexame de suas emoções e crenças limitantes: o que te deixa triste, amargurado, quais as mensagens fazem você ficar com baixo autoestima, vale aqui, você buscar ajuda em livros, profissionais da área da psicologia e psicanálise, cursos online, etc.

Já falamos sobre isso, você precisa Evoluir e curar suas inferioridades e suas crenças limitantes para poder prosseguir a ajudar o próximo e ter um negócio de sucesso. Use a mente a seu favor e não contra, alcance a sua estabilidade emocional. Descubra o quanto potencial sua mente tem, e não deixe ela falar o contrário.

www.upcarreira.com.br
[12] https://www.dicionarioinformal.com.br/autossabotagem/

Lista para vencer a Procrastinação e Autossabotagem:

7 Lições para Vencer a procrastinação:

1) Limpe da sua Mente o **monte de Tarefas** que você tem que fazer e do **monte de informações** que estão ao seu redor, procure **CLAREZA** para a sua **Mente, foque em apenas 1 tarefa** a ser executada. Não tenha medo de começar e não ficar bom, vale o ditado: "Melhor Feito do que Perfeito".
2) Transforme sua tarefa em compromisso, divida uma tarefa grande em pequenas tarefas menores, por exemplo em 3 ou 5 passos. Exemplo, para escrever um ebook, comece a fazer um parágrafo por dia, ou 3 parágrafos em 30 minutos num total, em intervalos de 5 minutos, podendo descansar 15 minutos entre um parágrafo e outro. Adote um ritual de horário para começar e trabalhe em curto espaço de tempo para treinar o seu cérebro a executar as tarefas com mais eficiência.
3) Aprenda a dizer **NÃO** a tudo que interrompa a realização de sua atividade ou tarefa única.
4) Centralize todas as mensagens que receber em um único lugar, exemplo em um caderno, deixe suas tarefas sempre à vista, pode ser num quadro branco, caderno, agenda, etc.
5) Classifique suas tarefas como Urgente, Importante, ocasional ou circunstancial e escolha a sua tarefa única para realizar com prioridade.
6) **Aceite o Caos:** Quando estamos fazendo uma atividade única a tendência e as outras atividades ficam para segundo plano dando a impressão de um verdadeiro CAOS, aprenda a lidar com essa situação, se possível delegue para outras pessoas ou faça essas atividades em outro dia ou horário, encaixe num horário por exemplo que você é menos produtivo, etc, não se frustre e

deixe elas tomarem conta das preocupações de sua mente.

7) Faça um Follow up na sexta feira de 1 hora, revise as tarefas que não foram cumpridas e tente executar na próxima semana com prioridade.

6 Lições para Vencer a Autossabotagem:

1) Não basta ser bom tecnicamente em sua área, você precisa ser equilibrado emocionalmente, busque ajuda nesse sentido, com livros, psicoterapia, cursos, meditação, oração. Busque a cura suas crenças limitantes e de sentimentos de inferioridades como raiva, inveja, medo, egoísmo, orgulho, etc.
2) Use a Mente a seu favor e não contra, alcance a sua estabilidade emocional.
3) Descubra o quanto o potencial a sua mente tem e não deixe suas emoções falar o contrário.
4) **Elimine o Radar da Negatividade:** Mensagens Negativas que você recebe todos os dias da TV, Internet, Jornais, Whatsapp, Frases soltas por parte da família, pessoas ao seu redor que são extremamente influenciadoras no seu emocional.
5) Gerencie suas Energias: Não perca a sua saúde tentando fazer muita coisa, foque sua energia somente no que é importante, viva a vida que deseja com foco no que faz sentido para você. Busque as 5 Energias que ensinamos deste capítulo: Espiritual, Física, Emocional, Mental e para os Negócios.
6) Tome as rédeas de seu ambiente: Faça uma análise e certifique-se que as pessoas ao seu redor vão lhe apoiar em seus objetivos, esse é o caminho do seu sucesso, cercar-se de pessoas e ambientes que vão lhe apoiar na realização de sua atividade única em relação ao seu negócio.

Frase para meditação: *"Não acredito que o propósito da vida é ser feliz.* ***Acho que o propósito da vida é ser útil****, ser responsável, ser compassivo. Acima de Tudo, ser importante, válido e lutar por algo, ter feito alguma diferença por ter vivido".* Leo Rosten - Roteirista

Passo 2: Mindset em Planejamento - Como escolher um Nicho de Mercado Lucrativo?

Depois de termos aprendido o conceito de Mindset e mentalidade empreendedora, agora vamos planejar o negócio, primeiramente vamos definir de maneira simples o que é um **nicho de mercado** e sua importância para o seu negócio online.

Nicho de mercado é um segmento ou subsegmento de um mercado, é um grupo de pessoas com a mesma dor ou problema, exemplo, o mercado de Pet Shop é bem amplo, concorda? dentro desse mercado, existem nichos ou segmentos deste mercado como por exemplo, casas de pet shop que só vendem ração para cachorro ou gatos, ou que só dão banho e cortam os pêlos, temos o segmento de clínica veterinária que se encaixaria no mercado Pet apenas. Segue uma ilustração para exemplificar o que é nicho:

A escolha do nicho é importante para começarmos a atender um público específico com uma necessidade específica dentro de um mercado amplo, a ideia é que dentro de um nicho a concorrência mercadológica é bem menor e você poderá posicionar a sua empresa com autoridade dentro desse nicho, levando em relação a seus concorrente uma vantagem competitiva.

Começar num nicho é fundamental, pois se destacar em um mercado amplo é bem mais difícil do que num mercado menor, ou seja, dentro de um nicho a concorrência é bem menor e você pode ser cada vez melhor para esse grupo e acaba investindo menos recursos para atingir todo mundo do grupo. Quando você for a melhor solução para esse grupo, você será cada vez maior, sua autoridade vai ser notória e eles vão começar a te indicar para outros grupos por exemplo, você cresce muito mais rápido.

Um grande dica é você adaptar o seu produto ao seu nicho e não o contrário, lembra, seu produto ou serviço tem que resolver uma dor ou um problema específico deste grupo.

Imagine o mercado como um Mar cheio de tubarões e outros predadores e você é um pescador de peixes, esses predadores são os seus concorrentes nesta pesca, não será difícil pescar neste mar? você terá que ter muitas técnicas e vai dar muito mais trabalho pescar, agora imagine que você vai pescar agora num rio tranquilo cheio de peixes e que você está praticamente sozinho pescando, não será bem mais fácil? Trabalhar dentro de um nicho ou subnicho é bem mais tranquilo do que num mar aberto cheio de tubarões.

Como atuar no mercado de nicho:

O Marketing de Nicho pode ser definido como estratégias específicas para um determinado grupo de indivíduos, o qual tem por característica pensamentos e necessidades de consumo semelhantes, no entanto, são muito específicos.

A maior característica de uma empresa que atua em um mercado de nicho, segundo Kotler, é a especialização. Para Kotler (2001, p.269) "a especialização é a palavra chave na atividade do nicho". Podendo ser especialista em vender somente um tipo de produto, linha de produto ou serviço, atender somente um tipo de cliente, determinada região, localidade ou área do mundo, determinado grupo social ou gênero, etc.

FEA-USP-4:
"Nicho de mercado é um segmento em que uma empresa tem uma oportunidade de explorá-lo com grande potencial. Seria como considerar o mercado todo e algumas empresas pegassem parcelas desse mercado. Nesse segmento, elas se fortalecem, elas são fortes. Então isso é um nicho de mercado para essas empresas."

Segundo (KOTLER, 1997) entende-se por mercado "o grupo de compradores reais e potenciais de um produto".

Segundo (KOTLER, 1998, p. 226) "Nicho é um grupo mais restrito de compradores, tipicamente um pequeno mercado cujas necessidades não estão sendo bem atendidas. [...] Geralmente as empresas identificam nichos dividindo um segmento em subsegmentos ou definindo um grupo formado por um conjunto distinto de traços que podem buscar uma combinação especial de benefícios".

Mattar (1997) define nicho de mercado como: "Nicho de mercado é um segmento ou uma área específica de mercado onde há uma oportunidade que passou a ser explorada de forma dominante e muito lucrativa por uma empresa, em função de dispor de vantagens competitivas originadas de uma estratégia de marketing, que faz uso de suas potencialidades e cujas bases estão voltadas à especialização e a um contínuo enfoque na diferenciação, de modo que o posicionamento de seu produto detenha uma imagem singular, criando um relacionamento forte com seus clientes, difícil de ser quebrado pela concorrência."

Algumas características do Nicho de Mercado são:

- Os consumidores possuem necessidades de compras similares;
- Os consumidores concordam em pagar um preço elevado no produto por ser exclusivo;
- O nicho tem potencial de crescimento do capital e gera lucros maiores;
- O nicho diminui a concorrência e aumenta o poder de vendas.

Porque investir em um negócio de Nicho?

"Hoje as empresas hoje são criadas a partir de problemas e demandas específicas, e não mais a partir de um produto ou algo que queira apenas vender. Quem entende seu consumidor, consegue operar de forma mais focada junto ao seu mercado, minimizando esforços e aumentando resultados" Caio Camargo especialista em Negócios Varejista

Vantagens de Investir em mercado de Nicho são:

- A maior vantagem da utilização desta estratégia está em encontrar um segmento específico de mercado a que a empresa possa atender com o melhor de suas habilidades.

- Em vez de brigar com os grandes, você pode vender praticamente sozinho sem concorrência para o seu cliente ideal. Em um Nicho sua empresa Não brigará para pescar seu peixe num mar cheio de tubarões predadores.

- Menor investimento em Ações de Marketing, baixo custo em produção de produtos e serviços

- Alta qualidade dos Produtos e Serviços

- Maior Proximidade com o seu Cliente atendendo as suas maiores necessidades.

- Alta Lucratividade: Vender com maior valor Agregado já que você não tem concorrentes diretos e pode se destacar mais dentro desse nicho, pois ao atender desejos e resolver problemas mais específicos, você encontrará um público que dá muito mais valor aos seus serviços. eles estarão dispostos a pagar mais por um produto que seja pensado especialmente com suas necessidades em mente.

- Vantagem Competitiva: Estabelecimento de forte relacionamento com o cliente-consumidor que se transforma numa barreira para a entrada de concorrentes.

- Ser Líder de Mercado: Empresa passa a ser dominante na área ou segmento de mercado;

Para identificar nichos de mercado, as seguintes características devem ser procuradas:

• O nicho é suficientemente grande e com poder de compra para gerar lucros;
• O nicho tem sido desprezado ou ignorado pelo líder de mercado;
• O nicho poderá ser atendido eficientemente e efetivamente pela empresa;
• O nicho poderá ser defendido contra o líder de mercado e outros competidores utilizando-se dos diferenciadores competitivos que a empresa desenvolveu junto aos seus consumidores.

Vamos agora ajudar você a pesquisar um nicho que ter haver com as suas paixões e habilidades, lembra no que dissemos no início sobre mindset?

2.1 - Meu nicho de mercado ideal:

Critério dos 3 Círculos

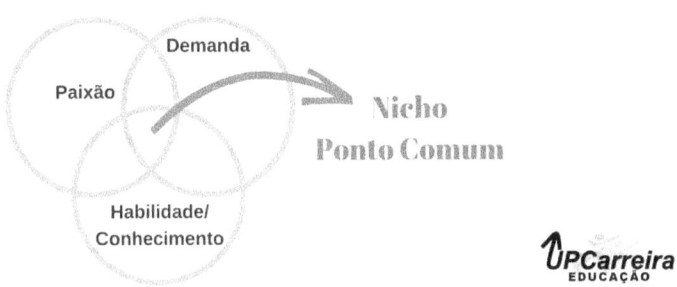

Seu nicho é o ponto comum entre sua paixão ou o que você mais gosta de fazer com a sua maior habilidade e com aquilo que tem uma boa demanda, ou seja, tenha pessoas interessadas em pagar pelo o que você sabe fazer. Você deve pensar o seguinte: preciso ser único dentro do meu nicho e me destacar ou ser incomparável para minha concorrência, exemplo: o aplicativo UBER é incomparável dentro do seu segmento, pela qualidade dos serviços, pelo pioneirismo dentro dos aplicativos para táxi, então essa é a ideia que você deve ter em mente. Vamos aprender na prática, agora vamos subdividir o nosso mercado e encontrar o nosso nicho ideal de duas maneiras:

1) A primeira opção é Subdividir seu mercado e fazer a pergunta: para QUEM e depois o QUE?, exemplo: mercado da moda → para QUEM? → moda feminina → o QUE? → bolsas e sapatos para mulher. Agora pesquise no google: www.google.com e digite a

palavra na busca moda, veja os resultados:

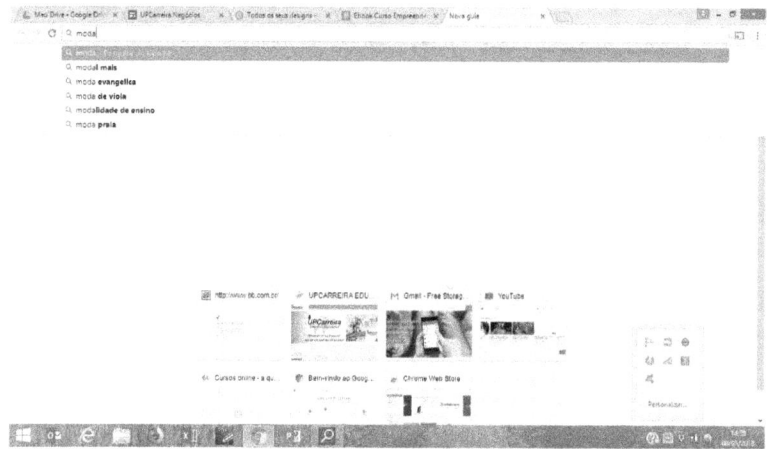

Veja que o Google me entregou sugestões e variações com a palavra moda que são: **moda mais, moda evangelica, moda viola, moda praia**. Esses são os mercados digamos em alta que as pessoas mais têm buscado na internet, se você digitar a palavra moda e der enter no seu teclado, logo abaixo da busca, vai aparecer a quantidade resultados para essa palavra: Aproximadamente 5.850.000.000 resultados

2)   A segunda opção é digitar a palavra do seu mercado no google seguida da palavra para: **Exemplo digite a palavra: Moda** juntamente com a palavra **para**, digite então: **moda para** no google. Segue o resultado:

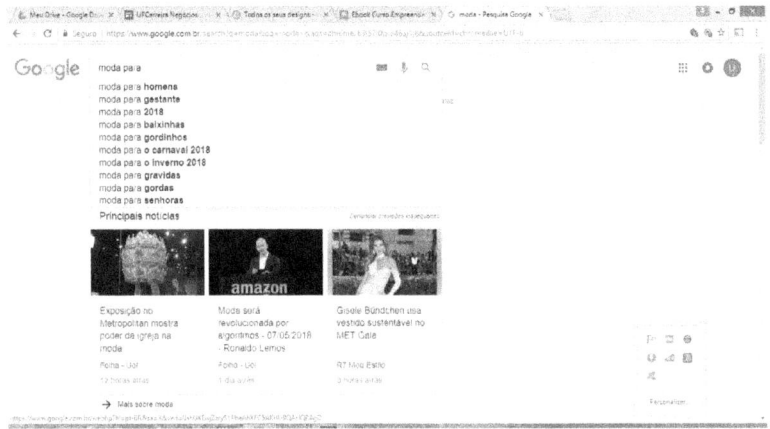

Veja os nicho que o google está entregando como resultados: moda para homens, moda para gestante, moda para 2018, moda para baixinhas, moda para gordinhas, moda para grávidas, moda para senhoras, etc. Essa é sua primeira lição, encontre seu mercado e depois pesquise no google as possíveis ideias para o seu nicho, você poderá começar o seu negócio a partir desse ponto de partida.

www.upcarreira.com.br

2.2 - Qual o tamanho do seu Nicho?

Vamos agora fazer um filtro dos resultados um pouco mais avançado, analisando um quesito importante para o nosso nicho: a demanda, lembra? não adianta nada fazermos o que **gostamos** e se não tiver clientes interessados o suficientes para mantermos o negócio, certo? vamos lá então, vamos pesquisar nos buscadores de palavras chaves os **resultados para o nosso nicho**, existem várias no mercado, segue abaixo alguns deles:

1) acesse esse link: https://keywordtool.io/pt/
2) acesse o link: http://ubersuggest.org/
3) acesse o link: http://www.semrush.com/
4) acesse o link (tem que fazer uma conta no google adwords e simular a criação de um anúncio, caso você já tenha, não precisa fazer essa etapa, é só clicar no link abaixo): https://adwords.google.com/intl/pt_BR/home/tools/keyword-planner

Nestes links que mencionei acima, basta você digitar a palavra chave do seu nicho ou mercado para receber várias sugestões de palavras chaves, no segundo link ele mostra o volume da palavra chave, o custo por clique (CPC) em caso de fazer um anúncio do google adwords e também a competição da palavra chave, quanto maior, mais competitivo, veja o resultado para a palavra moda para o buscador do site: ttp://ubersuggest.org/:

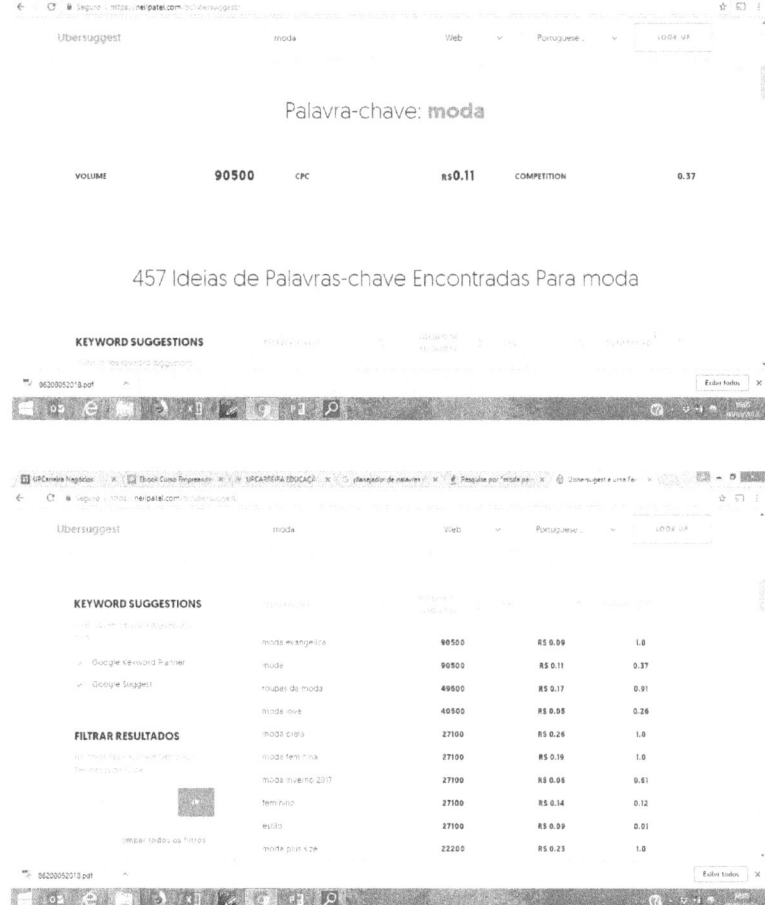

Clique na seta para cima em Volume de Pesquisa para ele filtrar a ordem de volume do maior para o menor, vamos analisar os alguns resultados relevantes

O primeiro resultado é: Moda Evangelica com um volume de pesquisa de 90500, CPC de R$ 0.09 e competição 1.0 e depois vou pegar moda praia com um volume de 27100, CPC de R$0.26 e competição 1.0. O índice de competição varia de 0 a 1, 0 sendo nenhuma competição e 1, competição máxima.

Analisando esses nichos, vemos que eles tem uma mercado grande e possivelmente bem lucrativo, porém é bem competitivo, você teria que avaliar a sua concorrência e criar algo mais específico e diferenciado, mas é uma ótima opção de nicho.

Exercício Prático: Faça o exercício agora entrando nesses 3 sites e verificando variações das palavras chaves para o seu mercado e também o volume de pesquisa, CPC e o quão ele é competitivo.

2.3 - **Analisar tendências de crescimento de mercado**. Mais uma ferramenta que você pode analisar e seu o seu mercado está em alta ou em baixa, ou seja, se as pessoas estão nos últimos anos dando valor a ele, existe uma ferramenta chamada de Google Trends, é bem fácil de utilizar, acesse o link: https://trends.google.com.br/trends/ agora escolha o seu país e digite a palavra moda:

Ele me informa quais os Estados têm mais procura, quais palavras estão em ascensão, como por exemplo, moda praia 2018, moda evangélica 2018, moda 2018 feminina, moda evangélica 2018, etc. Você também pode utilizar um comparador, caso esteja em dúvida por exemplo, qual nicho é mais interessante, é bem simples utilizar essa ferramenta, faça o teste você.

www.upcarreira.com.br

Resumo:

Os exemplos de Nicho são bem importantes, vejamos mais exemplos de Nicho e Super Nicho:

Casa (Mercado) - Decoração (Segmento) - Decorar Quarto (Nicho) - Decorar Quarto de Bebê Recém-Nascido (Super Nicho)

Saúde (Mercado) - Emagrecer (Segmento) - Perder Barriga (Nicho) - Dieta para perder 5 Kg e perder barriga (Super Nicho)

Educação (Mercado) - Engenharia (Segmento) - Curso de Engenharia Civil (Nicho) - Curso para Cálculo Estrutural de Concreto Armado (Super Nicho)

Dica: Comece seu negócio pelo seu Nicho ou Super Nicho, pois você terá mais chances de sucesso, poderá posicionar sua marca como autoridade dentro do seu nicho e levar uma grande vantagem competitiva contra aqueles que querem trabalhar com grandes mercados e consumidores de todos os tipos.

Outras formas de pesquisar sobre nicho e sua demanda:

Você pode buscar em outros sites se o seu nicho escolhido é lucrativo, pesquisando por exemplo no **google de novo**, mas agora em anúncios pagos, eles ficam no topo ou na lateral do site, digite no google novamente a palavra: **moda para**:

Dica: Se tem anúncios isso quer dizer que tem empresas investindo dinheiro para vender, é sinal que estão dentro de uma **mercado lucrativo**, ninguém anunciaria num produto ou serviço que não tem possibilidade de venda, concorda?

Outros sites que você pode pesquisar:

- Youtube: quantidade de visualizações do vídeo, número de likes etc
- Grandes Sites: americanas, Aliexpress, Ebay, Mercado Livre, Amazon
- Wikipédia
- Visitando sites de concorrentes e grande do seu mercado

Dica: Se tiver muito volume de pesquisa e aparecer muitos produtos ou assuntos relacionados a sua palavra do seu mercado, é porque tem demanda, e se tem demanda é certamente um mercado pagador ou tem um nicho a ser explorado.

Outra forma de pesquisar sobre um Nicho e saber quais são as suas dores, sonhos e desejos, exemplo, digite no google: **medo de** todas as respostas que aparecerem pode ser uma ideia para seu nicho, lembra, seu negócio existe para resolver um problema ou dor do seu cliente? veremos isso mais para frente quando definirmos uma Avatar ou Persona, que é basicamente o seu cliente ideal para o seu nicho escolhido.

Capítulo 3 (Execução, Produção, Gerenciamento) Boas Práticas e Ferramentas do Marketing Digital

"O objetivo do marketing é tornar a venda supérflua. É entender o seu cliente tão bem de forma que seu produto ou serviço se adeque perfeitamente às suas necessidades e se venda por conta própria."
Peter Drucker

Parabéns por você ter chegado até aqui, agora que você já tem definido o seu nicho ou super nicho de atuação vamos fazer o não menos importante para o seu negócio: **divulgar para as pessoas** interessados no seu produto ou seu serviço e vender para eles, basicamente essa é a função do marketing.

Vamos aprender neste capítulo os conceitos essenciais do marketing, não vamos cobrir todos os assuntos, pois seria impossível abordar tudo neste livro, mas vamos dar um verdadeiro 360º nos conceitos e nas melhores práticas do marketing atual para que você tenha uma visão ampla e que possa aplicar em seu negócio o quanto antes.

Segue os temas deste capítulo:

Passo 1: Execução: Colocar no papel o planejamento da pesquisa de mercado

3.1 - O que é Marketing Digital? Qual a sua Importância?

3.1.2 - Jornada do Consumidor

3.2 - Definição de Tráfego

3.2 - O que é Persona ou Avatar? Qual a diferença entre Persona e Público Alvo?

Passo 4: Produção: Produzir o Ebook e seu Curso Online

3.3 - Tipos de Negócio Online?

3.4 - Divulgando o seu Negócio

Passo 3: Execução

3.1 - O que é Marketing Digital? Qual a sua Importância?

"O objetivo do Marketing é conhecer e entender o consumidor tão bem que o produto ou serviço se venda sozinho." Peter Drucker

Primeiro vamos definir a palavra Marketing, segundo o dicionário Etimológico:

*"Marketing vem do inglês market, que significa "mercado".
Originalmente, o conceito deste termo teria surgido a partir do latim mercatus, que era o nome do local destinado para a compra e venda de objetos.*

Esta palavra, por sua vez, teria se originado do verbo mercari / mercare, que quer dizer "negociar" ou "praticar a compra e venda".

Alguns etimologistas ainda acreditam que a verdadeira raiz etimológica esteja na palavra latina merx, que era o nome atribuído ao objeto a ser comercializado, ou seja, a mercadoria.

Atualmente, o marketing é um termo que nasceu no idioma inglês, mas que é utilizado em todo o mundo – inclusive na língua portuguesa – para se referir às ações e estratégias voltadas para o competitivo mercado.

A definição moderna de marketing só se popularizou após o fim da Segunda Guerra Mundial. Com o crescimento do capitalismo por todo o mundo, surgiu a necessidade de desenvolver estratégias para atender aos públicos cada vez mais exigentes, oferecendo produtos de qualidade e com preços atrativos."
Fonte:https://www.dicionarioetimologico.com.br/marketing/

Porque Marketing Digital? O marketing digital é chamado assim pois são as ações de marketing e divulgação dos produtos e serviços feitas exclusivamente no meio digital, ou seja, na internet por meio de diferentes mídias, exemplo: nos sites de pesquisas como google, nas redes sociais: facebook, linkedin, etc. nos blogs, sites, aplicativos para celular, email. De modo simples, são as propagandas de produtos e serviços feitas nos meios digitais ou web com o intuito de fazer o cliente conhecer a empresa, comprar seus produtos e serviços.

Qual a importância do marketing digital?

No marketing tradicional a empresa corre atrás do cliente, como? divulgando seus produtos e serviços em todos os meios de comunicação possíveis, sem selecionar muito o seu público alvo, exemplo, uma escola de idiomas quer divulgar seus serviços através deste marketing tradicional, ela então contrata uma gráfica e faz um panfleto e coloca alguém para divulgar no metrô onde trafica muita gente e que seja próximo a sua escola, por exemplo, ela entrega esse panfleto para todo mundo que está passando ali no metrô, você concorda, que a maioria não está interessada em fazer o curso? é um público geral, outra coisa, não tem como medir essa ação, quantas pessoas estão sendo atingidas, quantas realmente viram o banner, pois a pessoa pode simplesmente olhar e jogar fora.

Agora no marketing digital é bem diferente, você pode fazer um site ou blog, criar textos atrativos falando sobre como o aluno pode aprender idiomas em pouco tempo, disponibilizar uma séria de conteúdo gratuito e divulgar nas redes sociais associadas ao bairro da escola por exemplo, os interessados vão olhar o site e vão ver essa escola com outros olhos, vão perceber que ela é uma autoridade no assunto e a possibilidade dela estudar nesta escola é muito maior agora, é possível também medir, quantas pessoas estão entrando no site, quantas

www.upcarreira.com.br

pessoas estão baixando os materiais como ebook, é possível montar um lista de email com as pessoas que entram em contato, entendeu? É possível também fazer um anúncio pago no google, facebook, linkedin e divulgar a escola para todos os bairros de uma vez, é possível também essa escola criar um curso online de inglês para atingir o mundo todo e divulgar na internet.

Então o **marketing digital** nos proporciona o seguinte em relação ao marketing tradicional:

- Maior alcance com mais assertividade, você divulga para seu público específico que está interessado no produto ou serviço.
- É mais barato, ou seja, há uma grande economia de dinheiro, qualquer empresa pode começar a divulgar seus produtos ou serviços, diferente do marketing tradicional que é caro, quanto custa uma propaganda na televisão?
- Você mesmo pode fazer ou contratar um profissional com menor custo.
- Os resultados são rápidos e podem ser medidos e mensurados, se investir mais dinheiro nas ações de marketing que estão dando mais resultados, sem desperdícios como no marketing tradicional.

Onde eu encontro produtos para os meus cliente?

1) Primeiro encontra seu **Mercado.** Encontra uma demanda para uma solução de problemas não resolvidos ou sem solução até o momento. Sejam eles tangíveis ("como aprender inglês") ou intangíveis ("como aumentar minha autoestima), busque saber seus sonhos, desejos, problemas e qual seria a transformação na vida deles que seu produto/serviço pode oferecer.

2) Depois você estabelece seu **Marketing** e descobre quais os problemas que esse mercado tem. Como você pode ajudar as pessoas dentro dele.
3) E aí você cria o seu site de vendas e um produto ou serviço para vender nele, a sua **Mídia** e sua **Mercadoria**, respectivamente.

Resumindo: O marketing digital é fundamental para o sucesso no seu negócio, ele fará que sua empresa se torne mais conhecida dentro do seu nicho e aumentará a chance de fidelização de novos clientes.

Aplicação Prática:

Coloque num papel os sonhos, desejos e problemas de seu mercado, essas informações são fundamentais para você montar um oferta que chame a atenção do seu público e para que você crie um serviço/produto mais personalizado possível.

Conteúdo Complementar:

- ❖ **Links: O que é Marketing Digital:**
  https://resultadosdigitais.com.br/marketing-digital

3.1.2 - Jornada do Consumidor

O caminho que seu consumidor faz até chegar a sua empresa e seu produto é chamado de **jornada do consumidor**, um conceito bem importante para as ações de venda. Estudar sempre o comportamento do seu consumidor faz até a compra é um dos processos mais importantes no empreendedorismo.

O objetivo principal da sua empresa é vender e ter lucro, certo? Mas para vender você deve atrair os cliente até sua página de venda por exemplo e convencê-lo a compra o seu produto ou serviço. A melhor maneira de você fazer isso é entender a jornada que seu consumidor faz até executar a compra e se tornar seu cliente e depois se tornar fã da sua empresa, vamos explicar melhor como funciona a jornada de consumidor do velho marketing e do novo marketing digital.

Toda compra, das mais simples, como um curso, às mais complexas, como um apartamento, é resultado de um processo de tomada de decisão.

São várias etapas até que a compra se concretize.

É muito comum, por exemplo, que as empresas façam uma abordagem de venda no primeiro contato com um interessado, porém, sem que ele esteja preparado para comprar. Antes, ele precisa conhecer a empresa, avaliar alternativas, pesquisar preços, ler recomendações, tomar a decisão e, por fim, efetuar a compra.

Velho Marketing: Onde eu acho clientes para os meus Produtos?

Neste tipo de marketing, é bem simples, a empresa cria um site de venda do seu produto ou serviço e faz um anúncio para tentar vender, neste tipo de ação, não se faz uma pesquisa quem é o cliente, simplesmente, coloca o produto no site e tenta vender para qualquer um. O grande problema desse marketing que a maioria que vê a propaganda do produto não vai nem entrar na oferta e se entrar a uma grande chance de não comprar, por quê?

Há várias respostas para essa pergunta, uma delas, ele ainda tem várias objeções em sua mente, como não serve para mim esse produto, não confio no vendedor, se eu pagar e não gosta? ou o cliente não está na fase de compra, ele vai deixar para depois ou não tem dinheiro no momento ou não viu valor no produto, achou caro ou ele não quer mesmo seu produto ou ele não precisa do seu produto, enfim, dizemos que o seu cliente ideal está em diferente fases de compra.

O velho marketing não leva as fases de compra do consumidor, ele quer vender a qualquer custo, ele quer empurrar o produto a todos, a mensagem é para todos, gasta-se muito esforço e dinheiro para poucas vendas efetivas, sem contar que neste tipo de marketing há sempre um disputa desleal por preços, ganhe a empresa que fizer mais barato, o cliente compra por preço e não valor e quando as empresas executam o mesmo preço, o cliente decide por questões subjetivas deles como gostei mais do atendente da empresa X do que Y, a Cor do Site da empresa Z é mais bonita que a empresa W etc. Isso é muito perigoso dependermos da subjetividade do cliente para vender, vamos ver agora o Novo Marketing e sua Jornada.

Novo Marketing: Onde eu acho produtos ou serviços para os meus clientes?

Antigamente o cliente para fazer uma compra ele assistiu um programa na televisão ou via numa revista um oferta e ia direto para a loja, sem muito comparar ou ter tantas objeções para fazer a compra, o perfil do cliente de hoje mudou, ele tem uma ferramenta que se chama internet, as redes sociais, ou seja, ele tem muitos formadores de opinião que vão dizer para ele se vale ou não a pena comprar aquele produto, ficou muito mais complexa a jornada do consumidor.

Para entendermos a jornada do consumidor é como um processo de casamento, primeiro se paquera, depois se namora, verifica se a pessoa está de acordo com o que você deseja e se quiserem viver uma vida juntos, ficam noivos e depois se casam, no velho marketing isso não acontece, se pede em casamento a pessoa amada logo no primeiro encontro, o consumidor, diz, o quê? tá louco? não vou comprar de você, eu não te conheço ainda, entendeu? O seu consumidor ainda não adquiriu a consciência que precisa do seu produto, ele nem mesmo descobriu o seu produto, não sabe para que serve, é muito difícil fazer a venda nesta fase, enquanto seu cliente potencial estiver com várias objeções.

Estágios do Consumidor até a compra:

A jornada de compra é o caminho que deve ser estudado para cada perfil de comprador, pois ele a percorre antes de realizar uma compra. São etapas que todos os consumidores passam, na maioria das vezes sem nem mesmo ter noção que estão passando por elas.

Estágios de Compra podem variar de 3 a 5 estágios dependendo do modelo adotado, vamos utilizar um modelo de 5 estágios:

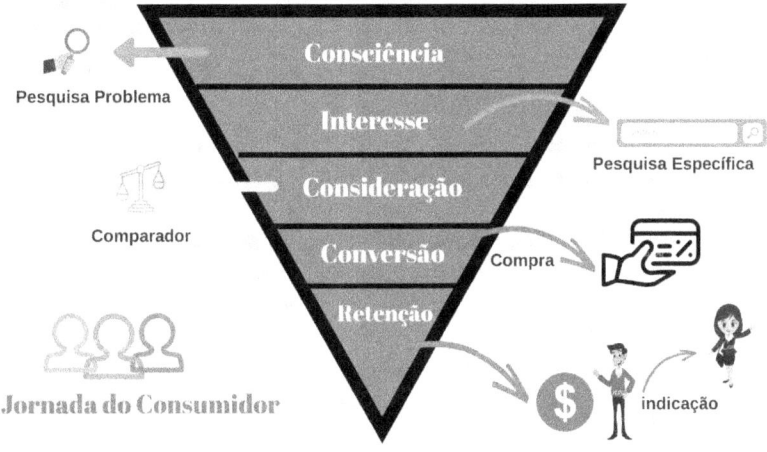

1) **Consciência do Problema:** Neste estágio o consumidor percebe que tem uma necessidade e que há um problema ou dor que precisa de solução e que essa solução seria um produto ou serviço. Nesta fase começa-se a pesquisar na internet por exemplo as possíveis soluções para o problema e quais as empresas ou pessoas podem lhe ajudar.
2) **Interesse:** Neste estágio o consumidor já se aprofundou um pouco mais no tema, começa a fazer pesquisas de informações mais específicas, ele vai averiguar os benefícios e soluções apresentadas pelas empresas.
3) **Consideração/Comparação:** Após pesquisar mais o comprador mapeou algumas soluções possíveis e começa a avaliá-las. O estágio de comparação é quando o cliente junta todas as informações sobre o produto, empresa ou marca e faz as comparações para ver qual é o melhor, qual tem o melhor custo benefício. Aqui é preciso que ele identifique o seu produto ou serviço como uma (boa) solução para ele. É interessante criar senso de urgência para que ele avance no processo e não deixe

www.upcarreira.com.br

para resolver o problema depois (ou tenha tempo para ir atrás de outras soluções).

4) **Conversão/Decisão):** No fim do processo o consumidor analisa as opções e toma, enfim, sua decisão: é o momento da compra. Hora de mostrar os diferenciais da sua empresa em relação aos concorrentes e convencê-lo que o seu produto é a escolha certa!

5) **Retenção (Fidelização):** Quando o cliente fica satisfeito com a compra e sempre retorna para fazer novas compras e ainda se tornar um advogado de sua marca, defendendo e indicando para outras pessoas.

Vale ressaltar também os 5 Estágios de nível de consciência do Consumidor:

1) **Inconsciente do Problema (Precisa, mas não sabe que precisa)**
2) **Consciente do Problema (Sabe que Precisa e está buscando informações)**
3) **Consciente da Solução (Sabe que Precisa está buscando solução, buscando educação)**
4) **Consciente do Produto (Sabe que precisa e está buscando um produto para resolver sua dor)**
5) **Conexão (Já escolheu a empresa que vai resolver o seu problema)**

Dica de Ferramenta para Criar a sua Jornada de Compra:

- ❖ Criador de Jornada de Compra do Consumidor: http://ferramentas.resultadosdigitais.com.br/ferramenta-jorna da/

Aplicação Prática:

Tente montar num papel a jornada do seu consumidor, anote os possíveis temas que você pode desenvolver futuramente para escrever conteúdos em seu blog, canal do youtube e mídias sociais em geral. Esses temas vão lhe ajudar a ter mais autoridade dentro do assunto e do seu nicho e também vai gerar mais conexão com o seu público, quando você fizer a oferta, vai ficar mais fácil vender, pois seu público confia em você e o tem como autoridade no assunto em resolver o seu problema.

3.2 - Definição de Tráfego

3.2 - Definição de Tráfego

Uma definição interessante de tráfego que gosto é essa: Onde tem pessoas têm Tráfego. Na feira tem pessoas? sim, então tem tráfego. Numa avenida movimentada tem muita gente? sim, então tem tráfego. Num estádio de futebol lotado, tem gente? sim, então tem tráfego. E na internet, tem pessoas? sim, então tem tráfego. Seu nicho tem pessoas? sim, então tem tráfego.

Quanto maior o tráfego de pessoas dentro de um mercado ou nicho, maior a probabilidade de você vender o seu serviço ou produto, chamamos isso de **audiência**, você precisa de **audiência, posicionamento e autoridade** dentro do seu nicho para que as pessoas lhe escutem, tenham uma conexão como você. Podemos enter esse processo como um namoro ou amizade ou casamento, primeiro elas tem que te conhecer melhor, depois que forem ganhando confiança e vendo que você é um expert no assunto em relação a dor delas por exemplo, elas vão confiar mais em você e sua empresa, quando você fizer uma oferta de vendas para ela, sua chance será muito maior, pense assim, você namoraria uma pessoa que mal conhece?

Certamente que não, então o seu maior objetivo no marketing e ter **audiência e autoridade**, lembre-se sempre disso, seja **famoso para quem te conhece.**

No marketing digital esse é um conceito importante, pois podemos conseguir tráfego ou audiência para o nosso site de duas formas: pagando, o **chamado tráfego pago ou gratuito**, através do tráfego de conteúdo. è bem simples isso, no tráfego pago você faz um anúncio do google adwords por exemplo: https://adwords.google.com/[13] ou no facebook ADS,[14] entre outras, é bem simples fazer esse anúncio, não

---

[13] Não temos parceria com o Google, estamos apenas indicando os seus serviços.
[14] Não temos parceria com o Facebook, estamos apenas indicando os seus serviços.

vou entrar em detalhes agora sobre isso, pois essas empresas tem um suporte bom e ensinam como você pode divulgar os seus serviços de forma correta. E no **tráfego gratuito**, você produz um conteúdo sobre o assunto do seu nicho, como? você pega por exemplo uma dor ou problema do seu nicho e criar um tutorial explicativo e coloca no seu site ou blog, esse cliente vai estar pesquisando sobre esse assunto na internet e se o texto for inovador e bem escrito ele vai aparecer nas primeiras páginas dos buscadores, você pode também divulgar nas redes sociais dentro dos grupos no facebook, linkedin, fóruns, percebeu?

Muita gente pode entrar no seu site através deste conteúdo e conhecer mais a sua empresa e seus serviços, você pode fazer um anúncio dentro do seu conteúdo relevante ao assunto ou até criar um Ebook e pedir o email em troca deste ebook, você terá um cliente potencial, ou lead. A partir desse contato poderá enviar todas as informações de valor para que o cliente conheça mais a sua empresa e efetua a compra com mais facilidade, pois agora ele já te conhece melhor.

Onde tem Tráfego na Internet? Fóruns, grupos do yahoo, grupos do facebook, linkedin e redes sociais em geral, em sites de grandes portais como uol, terra, ig, globo, etc. em blogs, youtube.

Aplicação Prática:

Faça um exercício, pesquise onde tem tráfego para o seu nicho e comece a divulgar seus conteúdos dentro deles, além do seus anúncios do seu produtos e serviços, lembre-se onde tem gente tem tráfego.

Sempre que criar um conteúdo, dentro do seu site, tente oferecer algum conteúdo mais completo como um ebook e deixe um formulário de e-mail da captura, aqueles que preencherem esse formulário, você envia esse ebook, a ideia é você atrair o seu público para dentro da sua lista de e-mail para depois você poder oferecer mais conteúdo a eles e também seus serviços.

Uma boa ferramenta que faz isso e automatize com o e-mail marketing é o Leadlovers, acesse o site: www.leadlovers.com[15] e conheça mais os serviços deles. Você pode montar um página de captura através de um site em worpress + um plugin chamado Elementor, caso não saiba como fazer, contrate um profissional especializado no workana.

---

[15] Não temos parceria com a Empresa, estamos apenas indicando os seus serviços.

3.2 - O que é Persona ou Avatar?

3.2 - O que é Persona ou Avatar? Qual a diferença entre Persona e Público Alvo?

Persona ou Buyer Persona ou Avatar é a representação fictícia do seu cliente ideal.

Persona ou Buyer Persona ou Avatar é a representação fictícia do seu cliente ideal. Ela é baseada em dados reais sobre comportamento e características demográficas dos seus clientes, assim como uma criação de suas histórias pessoais, motivações, objetivos, desafios e preocupações.

Uma boa definição de persona passa justamente pelo contato com o seu público-alvo, de modo que em uma rápida análise você possa identificar características comuns entre os potenciais compradores.

Se você possui uma base de clientes, esse será o lugar perfeito para começar suas investigações. Mesmo que você tenha perfis diferentes de pessoas ou empresas que consumiram seu produto, alguns deles tendem a exemplificar a sua persona.

Uma dica importante é focar tanto em clientes satisfeitos quanto insatisfeitos. Em ambos os casos, você certamente aprenderá algo sobre a percepção do seu produto e quais desafios seus clientes estão encarando.

Qual seria a diferença entre persona e público-alvo?

É comum que haja alguma confusão nos conceitos, mas uma coisa podemos afirmar com certeza: persona e público-alvo não são sinônimos.

Vamos a um exemplo prático:

Público-alvo: Homens e mulheres, de 18 a 35 anos, solteiros, graduados em arquitetura, com renda média mensal de R$ 2.500. Querem se especializar em sua profissão e gostam de viajar.

Persona: Tatiana tem 25 anos, é arquiteta recém-formado e autônoma. Pensa em se desenvolver profissionalmente através de um mestrado fora do seu Estado onde mora, pois adora viajar, é solteira e sempre quis morar fora de sua cidade.

Público-alvo é uma parcela geral da sociedade para quem você vende seus produtos ou serviços. Já a persona, é a representação do seu cliente ideal, de forma mais humanizada e mais personalizada e específica.

Em um primeiro momento pode até soar muito parecido. Mas faz toda a diferença pensar em uma estratégia de marketing direcionada a Tatiana e não a um extenso público-alvo.

Não é necessário limitar-se a uma única persona. É comum que os negócios tenham mais do que uma persona definida. O ideal é fazer 3 idealizações de personas e criar estratégias de marketing com mensagens em vídeos, textos, etc para cada persona, assim eles vão lhe dar uma maior atenção e a probabilidade será mais de atingir seus objetivos com suas campanhas de marketing.

Dica: Lembre-se de considerar também que a persona pode ser um visitante que acabou de chegar, e só está pesquisando sobre seu problema e dor, mas não conhece nada da sua empresa ainda, reflita: como posso fazer um conteúdo relacionado ao seu mercado para esta pessoa?

Segue abaixo uma Ferramenta de criação de persona:

Link: http://geradordepersonas.com.br

Passo 4: Mentalidade em Produção

Vamos aprender nesse passo a criar um Ebook e um Curso Online, ou seja, vamos começar a produzir o nosso produto digital.

3.3 - Tipos de Negócio Online

Basicamente nós temos 3 tipos de negócios:

As **lojas virtuais** para venda de produto físicos e as **plataformas de produtos digitais** para venda de **infoprodutos**, como ebooks, cursos online, palestra online, etc e a **terceira a venda de serviços de consultoria online ou ao vivo** como um dentista, médico, técnico em informática.

Loja Virtual: Se você vai vender produto físico e seu nicho é esse, como vender roupas para bebê recém nascidos, eu indico começar o seu negócio em duas lojas virtuais: O mercado livre e a loja integrada, é bem fácil criar uma conta nesses site e inserir os produtos, essas duas lojas se integram entre si, você pode ter a sua loja virtual de produtos e já começar a divulgar para seus amigos, seus contatos do facebook e redes sociais, eu já utilizei as duas plataformas e garanto que você não precisa de outras lojas para começar a vender.

Tipo de Negócios para a sua loja virtual:

- Produto Físicos: Brindes: camisetas, canetas, canecas, chaveiros, porta dvds ou capas de celulares, produto tecnológicos como celular, computadores, peças de computador, notebooks, relógio, jóias, artigos para o mercado Pet, etc. Você pode importar esses produtos da china ou pode vender os produtos das grandes lojas pelo um sistema de marketplace que é uma plataforma que permite que você venda seus produtos nas vitrines da Americanas.com, Submarino e Shoptime.

Infoprodutos: São Produtos digitais educacionais. Você pode começar seu negócio criando e escrevendo um Ebook seria um formato digital deste livro por exemplo e depois criar um curso online para pagamento recorrente de assinatura anual por exemplo com o mesmo tema do ebook. Para você vender infoprodutos como Ebook e Cursos online eu indico a plataforma da empresa hotmart ou Eduzz, ela será responsável por hospedar o seu infoproduto e gerenciar os pagamentos, entregar o produto digital para o seu cliente, é bem fácil trabalhar com essa plataforma, basta você fazer um cadastro e subir o arquivo do seu ebook ou as vídeo aulas do seu curso dentro da plataforma deles, acesso o site para saber mais: www.hotmart.com ou www.eduzz.com.br caso tenha dificuldade, dentro da plataforma tem vários tutoriais lá de como começar a ter um curso online ou um ebook. Caso você for vender apenas Ebooks, existe mais uma alternativa de serviço de uma empresa chamada **Simplíssimo**[17], segue o site: https://simplissimo.com.br ou pela própria Amazon.com, eles serão responsáveis em colocar o seu ebook no mercado, gerenciar e vender para você, vale a pena você conferir.

Vantagens de criar um Infoproduto:

- Você não precisa de ter nenhum estoque;
- Fácil de entregar, pode ser por e-mail manualmente como um ebook, pode ser via plataforma de ensino com a da Hotmart que também comporta cursos online;
- Baixo Custo de Produção.

Dica e Mentoria:

---

[17] Não temos nenhuma parceria com a empresa, estamos apenas indicando os seus serviços.

- Indico você começar o seu negócio escrevendo um Ebook ou Livro como esse que você está lendo e depois um curso online com o mesmo tema, para esses mesmos cliente pode oferecer consultorias e mentorias que são serviços mais personalizados.
- Infoproduto é um negócio que gera renda passiva, que exija de você no máximo 1 a 3 horas por dia para gerenciar o negócio depois de pronto, que pode ser criado com pouco dinheiro e baixo risco e que você pode trabalhar de casa ou onde quiser, onde bem desejar, podendo também escolher seus próprios horários.

Tipos de Negócios Online:

Produtos Digitais: software, infoprodutos (cursos online, ebooks), aplicativos).

Consultorias e Mentorias Online: (de saúde, investimentos, negócios etc).

Coach: (profissional, saúde, profissional e de carreira etc).

Assuntos que você pode criar e vender como produto digital:

- Como ganhar dinheiro na internet, na bolsa de valores, com investimentos, com imóveis, com leilões, etc
- Como melhorar no jogo de futebol, golfe, basquete ec
- Como viajar gastando menos
- Como produzir músicas sertanejas, cristãs, eletrônicas, etc
- Como ensinar o seu cachorro a obedecer seu dono
- Como controlar o diabetes, colesterol, obesidade, etc
- Como consertar celulares, computador, carro etc
- Entre outros, foque na dor da sua persona e tente criar um produto ou serviço que solucionem problemas não atendidos pelas empresas.

Passa a Passo para Criar um Ebook e começar a vender:

1) Defina seu público que irá ajudar.
2) escreva o ebook no Google Doc de 50 a 100 páginas ou mais, você define conforme o seu tema, pense no público que você definiu.
3) Exporte o documento em .PDF.

4) Crie uma conta na plataforma da www.hotmart.com (serviço gratuito) ou www.eduzz.com.br e suba esse arquivo para ela, existe também essa empresa: https://simplissimo.com.br (serviço pago) ou https://kdp.amazon.com/
5) Comece a divulgar o seu Produto a página de venda do seu produto em mídias sociais, fóruns, youtube, google ads, facebook ads, em todos os lugares que tenha tráfego. Você pode contrar na workana.com um especialista em vendas e marketing digital para lhe ajudar nesta etapa.

PS: Depois você faz o mesmo para Curso Online, só mudará o tipo de arquivo para .MP4, você pode gravar suas vídeoaulas no programa Gratuito chamado Movavi https://www.movavi.com/pt/ ou OBS https://obsproject.com/ ou Camtasia (programa pago).

Links Complementares:

- Como gravar Vídeo Aulas:
  https://www.youtube.com/watch?v=55ZXUP-79mg
- https://blog.hotmart.com/pt-br/screencasts-como-ganhar-dinheiro-c onteudo/

- Como Criar Roteiro de VideoAulas:
  https://blog.hotmart.com/pt-br/como-fazer-roteiro-de-video/

As possibilidades de Infoprodutos que você pode criar e explorar:

1) Ebooks,
2) Curso em Vídeo.
3) Curso em áudio (pode utilizar o microfone do seu celular se quiser, fazer entrevista com autoridades etc).
4) Área de Membro
5) Comunidade

6) Assinatura

7) Serviços
8) Webinários e aulas online
9) Consultorias e Coaching
10) Grupos de Coaching ou Masterminds.

Outros negócios que você pode explorar Eventos e Palestras ao Vivo, Software, esses são bem mais complexos e requerem mais tempo e dedicação para implementar.

Serviços: Para quem vende serviços, ou consultorias online, deve pensar no seguinte, você vende a sua hora por dinheiro, isso te limita bastante, pois 1 dia tem somente 24 horas, digamos que você tenha livre 12 Horas do seu dia para trabalhar e 6 dias da semana, 1 é para você descansar, você está limitado a atender o número de pessoas dentro desse horário, uma coisa é certa, a primeira coisa que acontece quando enchemos a nossa agenda de serviços, nós ficamos estressados e não conseguimos atender todos com qualidade, desejamos mais não ter mais o negócio, não é assunto desse Ebook, mas o ideal se você tem esse tipo de negócio é você pensar em montar também um negócio online como cursos online ou consultorias online e limitar o número de pessoas que atende, aumentando o valor da sua hora de serviço.

Tipo de Serviços: (programação, edição, design, suporte, etc)

DICA: Existe uma grande diferença entre vender um **produto físico** na internet e vender um **produto digital ou infoproduto,** você deve pensar bem antes de começar o seu negócio, qual o modelo quer adotar, é possível fazer os dois, por exemplo: Supondo que você montou uma loja online de vendas de roupas de bebê recém nascidos e queira fazer a divulgação da sua loja para as mamães ou futuras mamães dentro de uma grupo no facebook relacionando a esse tema, você pode criar um curso online básico sobre como vestir crianças recém nascidas por exemplo e oferecer para eles e depois você dentro do curso anunciar a sua loja, mas lembre, **no curso online você consegue escalar o número de vendas do seu negócio para praticamente um número infinitos de pessoas**, já na **loja virtual, você terá uma limitação de estoque, logística, etc**, pense, como farei se 1000 pessoas quiser comprar ao mesmo tempo? sua loja virtual deve estruturada, pois senão você pode gerar um gargalo e entrar num processo de falência, pois não vai conseguir atingir a demanda de vendas, o ideal é você crescer devagar e limitar o estoque e número de vendas nas configurações de sua loja.

Parceiro: Como já disse existe o Técnico e o Empreendedor, escolha ser um **empreendedor** e contrate parceiros para lhe ajudar de uma forma profissional na divulgação de seus produtos ou criação do site, afinal ninguém consegue fazer tudo sozinho? eu mesmo utilizo muito os serviços dessas empresas, acesse esse site: www.workana.com[18] e contrate um profissional especializado em marketing digital por exemplo, é bem mais barato que você imagina, lembre-se juntos chegamos mais longe do que sozinhos.

Dicas para Ganhar Produtividade no seu Negócio

1) **Elimine:** O que não é importante
2) **Automatize:** Use ferramentas de automação
3) **Delegue:** Encontre pessoas para fazer o trabalho que você não sabe ou não é tão bom

Faça a Pergunta: Eu realmente preciso disso?

- Se você não consegue eliminar, pode tentar automatizar, por exemplo para fazer uma página de vendas, integrar com um sistema de pagamento, etc, utilizar o email marketing etc você pode utilizar uma ferramenta pronta do tipo www.leadlover.com.br ou www.klickpages.com.br junto com o hotmart

---

[18] Não temos nenhuma parceria com a empresa Workana e os profissionais freelancers que eles oferecem, estamos apenas indicando os seus serviços, sua escolha é por sua conta e risco.

- Se não consegue automatizar, pode tentar delegar, vai no site www.workana.com e contre um profissional que você está precisando, descreva exatamente o que você está precisando, não tenha medo de delegar, você vai ganhar muita produtividade em seu negócio
- Lembre-se sempre haverá uma opção.

3.4 - Divulgando o seu Negócio

"Nada acontece até que uma venda ocorra." Thomas J. Watson

Vamos agora começar divulgar seu negócio, não tenha medo de vender, pois vender é a parte mais importante agora para o seu negócio e existem várias alternativas para você divulgar o seu negócio, você pode postar vídeo no youtube, depois colocar no facebook e no seu blog, ou pode utilizar somente um canal + 1 site institucional, não se prenda a isso, divulgue o seu negócio onde se sinta mais à vontade e na plataforma que gosta mais.

segue abaixo um passo a passo:

Guia Prático passo a passo:

1. Construa autoridade na internet através de um Blog.

   Crie um Blog no wordpress para colocar seus artigos e também para criar a sua página de vendas, nele você fala sobre você e sua solução, você pode começar a criar um site gratuitamente no link: https://br.wordpress.com/ ou se preferir criar um Blog Wordpres Pago: https://www.hostgator.com.br/hospedagem-wordpress (empresa com bom custo benefício).

Para quem vai utilizar a opção de **Blog Pago**, depois Crie um Domínio ou nome próprio para seu site: Você pode também registrar um domínio próprio depois de ter definido o seu nicho, o nome do seu domínio tem que ter haver com o seu negócio, pense bem nessa etapa.

Para ter um domínio, basta entrar no site do Registro Br e pesquisar se o nome do seu negócio já existe ou não, acesse o site: https://registro.br/

Dica: Como Criar um Blog e Registrar o Domínio

2. Crie um **imã digital**, seu conhecimento em forma de Ebook, Treinamento em Vídeos Online, seminários e construa uma lista de e-mail de pessoas que estão interessadas no seu negócio ou no tipo de serviço que está oferecendo. Você oferece um conteúdo resolvendo uma dor da sua persona e em troca ele te fornece o seu e-mail). Explico isso logo abaixo:

Crie uma **página de captura de e-mail** que chamamos de **landing page**, nela você irá oferecer um **imã digital**, ou seja, um conteúdo que vai atrair o seu público específico a conhecer melhor a sua solução.

Você vai criar um ebook resolvendo com um tutorial passo a passo resolvendo uma dor específica do seu subnicho e só vai entregar para quem lhe fornecer o e-mail, veja nesse link como fazer isso: https://www.e-goi.com.br/lp/landing-pages-gratis ou você pode instalar um plugin no wordpress chamado **elementor, segue link:** https://elementor.com

Quer saber mais sobre esse assunto, acesse o link:
http://marketingcomdigital.com.br/checklist-de-6-topicos-para-criar-um-ima-digital-de-alta-conversao/

Engaje-se com as pessoas da sua lista de e-mail, entregue muito conteúdo de valor, faça perguntas para elas na lista, identifica problemas e crie um relacionamento de mão dupla, quando você for fazer a oferta ele vão estar mais preparados para a compra.

3. Crie uma conta **no youtube e um canal**, comece a postar vídeos resolvendo as **dores da sua persona**, utilize o que você aprendeu no segundo capítulo deste ebook.

   Coloque na descrição em baixo do vídeo um link para a sua **página de venda** e um link para sua **landing page** oferecendo **um imã digital** para você montar a sua lista de e-mail. Nela você vai lhe entregar o ebook e depois se relacionar com ela e depois fazer a oferta do seu produto digital.

4. Caso não saiba como fazer, os passos acima citados, contrate o s**erviço de um profissional em webdesign** ou um especialista em sites, para encontrar profissionais freelancers utilize os serviços da workana: www.workana.com[19], **comece seu negócio o quanto antes, sua presença online é muito importante;**

5. Crie artigos interessantes no seu blog resolvendo alguma dor ou problema específico do seu público para ganhar autoridade, sempre deixe no final do artigo algum imã digital.

6. Coloque tudo que sua empresa faz e sobre a sua autoridade, crie artigos, vídeos e tudo que você achar relevante para o seu negócio, compartilhe tudo nas redes sociais, peça comentários, eles vão ajudar a **matar objeções na hora de você criar um anúncio do seu produto**, a ideia agora é você ser uma **autoridade** e se **posicionar como especialista dentro do seu**

---

[19] Não temos nenhuma parceria com a empresa Workana, não temos nenhuma responsabilidade legal sobre os serviços prestados por ela.

subnicho;

7. Agora, Divulgue sua landing page em todas as mídias que tiverem tráfego: seu site, página do facebook, grupos do facebook, chamada do youtube, linkedin, blogs, fóruns, tente fazer crescer a sua lista de email para depois você oferecer uma solução mais completa para esse público ou seja o seu produto digital;

8. Faça a Oferta, quebre objeções sobre o seu produto e serviço, utilize as técnicas de vendas como gatilhos mentais. ajude seu público na tomada de decisão de compra, crie um ambiente perfeito para ele fazer a aquisição de seu produto/serviço.

9. Crie também anúncios pagos da sua página de vendas e também da sua landing page.

Link para criar anúncio pagos no google: https://ads.google.com/ **e no facebook:** https://www.facebook.com/business

Temos estes Cursos em nossa plataforma de Cursos, acesse o site: www.upcarreira.com.br e confira!

PS: Uma coisa que não falei ainda, mas você pode fazer uma pesquisa de mercado para definir melhor a sua persona com seus amigos, parentes, redes sociais, sua lista de email, sobre o seu produto e quais são as reais necessidades deles. Para criar um pesquisa online e mandar para todos os seus amigos e contatos do facebook, utilizo esse site: https://pt.surveymonkey.com/

Conclusão

Agora é só colocar a mão na massa, com o site definido, você pode divulgar seu produto nas redes sociais, nos fóruns, nos grupos do facebook, no youtube, email, no google ads, ou seja, onde **tiver tráfego**.

A ideia é você criar uma **rede de relacionamento** e **mostrar a sua autoridade e se posicional como especialista** para esse público, seja famoso para quem te conhece, não importa, postando vídeos no www.youtube.com ou no grupo do facebook, seus amigos do seu bairro, seus parentes e familiares, a parte mais importante de um negócio e ter autoridade no produto ou serviço que você está vendendo dentro do seu nicho, seus futuros clientes vão começar a perceber sua marca ou empresa e vão comprar de sua empresa e indicá-la de forma natural, sem você precisar ficar correndo atrás deles ou ficar empurrando produtos como o marketing tradicional.

Dica: Começa agora o seu negócio e lembra é melhor trabalho feito do que bem feito.

3.4.2 - Página de Vendas e Gatilhos Mentais

"Vender é a principal habilidade que qualquer empreendedor deve ter" Rafael Abertoni

Passo a passo de uma oferta de venda e copywriter :

Um copywriter é alguém especializado em geração de resultados e vendas. Você deve contratar um profissional qualificado para este fim no www.workana.com por exemplo. Mas vamos lhe ensinar como você pode começar os primeiros trabalhamos na sua carta de vendas, segue abaixo:

Uma carta de venda bem feita, segue o seguinte padrão:

1. **Atrair a Atenção**
2. **Criar Conexão**
3. **Ensinar sobre o Problema**
4. **Trazer a Solução**
5. **Fazer a Oferta**

Sua página de vendas deve conter as informações e benefícios para o cliente fazer a compra do seu produto, ela deve ter menos conteúdo técnico e falar mais dos benefícios que sua Persona espera receber e até dos que ela não sabe mais vai receber como os bônus que você pode dar para os que comprarem com você, ou seja, os benefícios inesperados, mas que vai ajudá-la e surpreendê la.

Você deve falar no anúncio logo na primeira linha qual a transformação do seu produto na vida dele e que essa transformação vai resolver a dor ou problema dele, exemplo, se for um produto digital para emagrecer, poderia ser assim:

"**Como você pode emagrecer 3 kg em menos de 3 meses com o nosso método X90. Seja mais feliz e tenha uma vida mais saudável, Método comprovado pelos nossos alunos, veja os depoimentos**"

Entendeu? O anúncio de falar da sua promessa, ou seja, sua principal proposta, resolver a principal dor do seu cliente, depois você fala dos outros benefícios, você já tem essa informação quando pesquisou sobre a sua persona, agora é hora de colocar tudo no anúncio, como você estive conversando com ela, utiliza muito o você, imagina, fale um pouco de suas dores e como sua empresa pode resolvê-las de formas mais rápida possível.

4 Pontos Chaves de um Copywriting

Primeiro Você deve utilizar de uma **linguagem pessoal** para gerar aproximação, utilize a linguagem da sua Persona, não seja técnica e nem frio com a sua mensagem, seja o mais natural possível. Veja que no exemplo acima eu utilizei a palavra VOCÊ para gerar essa proximidade.

Segundo encontre uma **sentimento-chave da sua Persona**, exemplo, querer emagrecer rápido, e tente imaginar o que ela vai sentir quando conseguir esse objetivo.

Terceiro você deve reforçar essa dor e colocar o dedo no na ferida para expor a sua dor/problema, você deve mostrar que assim que o seu cliente comprar o produto a sua dor ou problema não vai mais existir.

Quarto você deve mostrar que seu produto é a ponte, e não o objetivo. Seu produto é a **ponte** entre o problema e a solução que seu futuro cliente procura.

Seu produto não é o que seu cliente quer, seu cliente quer o benefício que seu produto entrega!

você deve criar uma página de venda irresistível e matadora com textos persuasivos que contenham **gatilhos mentais para que seu cliente execute a ação desejada que é a compra, no final coloquei um passo a passo de um modelo desse tipo de oferta**, mas antes vamos ver o que significa os gatilho mentais:

O que são Gatilhos Mentais?

"Cada princípio é analisado em sua capacidade de produzir nas pessoas um tipo singular de consentimento automático e impensado, ou seja, uma disposição em dizer "sim" sem pensar primeiro. Indícios sugerem que o ritmo acelerado e o bombardeio de informações da vida moderna tornarão essa forma específica de persuasão cada vez mais predominante. Será ainda mais importante para a sociedade, portanto, entender como e por que a influência automática ocorre." – Robert Cialdini

"A civilização avança ao ampliar o número de operações que podemos realizar sem pensar nelas" – Alfred North Whitehead.

É uma resposta automática de nosso cérebro estimulada pela lei do caminho mais curto, ou seja, **"gatilhos mentais"** são estruturas que ativam **"atalhos"** de decisão no cérebro.

Apesar do nome, não se trata de manipulação ou hipnose: os **gatilhos mentais** fazem parte da psicologia e a compreensão dela é a chave para o sucesso de qualquer negócio. Todos os seres humanos possuem estímulos e motivações parecidos que vamos chamar de padrões de comportamento social, quando ativados, os conduzem para a ação.

Esse é um conceito foi estudado por **Robert Cialdini** também chamado por **princípios da persuasão**, ele é um professor emérito de Psicologia e Marketing na Universidade do Estado do Arizona. É mais conhecido como o autor do livro best-seller **As Armas da Persuasão descrita no final da bibliografia deste ebook**.

O primeiro passo é conhecer e compreender seus clientes para saber como influenciá-los. O próximo passo será descobrir quais são os gatilhos mentais existentes e que podem ser aplicados à sua estratégia de Marketing Digital.

Sabendo como a mente dos seus clientes funciona e quais ferramentas usar, você terá o poder de influenciá-los em suas tomadas de decisões.

Este conceito está baseado em uma confiança automática, estimulada por padrões de comportamento sociais que influenciam nosso processo decisório. Tomamos a decisão ainda de maneira inconsciente, principalmente quando sentimos que o risco é baixo ou inexistente, ou seja, que não vale o esforço de analisar, racionalizar uma decisão para determinadas situações.

O problema é que esse padrão decisório virá um hábito, e como precisamos tomar milhares de decisões cotidianamente, só nos detemos para as mais importantes.

Robert Cialdini é uma das principais autoridades sobre influência e persuasão. Após anos de estudo e observação social, prestando consultoria para grandes grupos e formando milhares de pessoas em influência e persuasão, Cialdini categorizou 6 princípios de influência, também conhecidos como gatilhos mentais.

Em seus estudos ele identificou que nosso cérebro foi projetado para apenas duas coisas: Sobrevivência e Reprodução.

Nós como seres humanos, temos padrões de comportamentos semelhantes aos dos animais. O nosso cérebro é programado para agir conforme o ambiente. Quando um animal se sente ameaçado o seu corpo muda, ele fica pronto para dar o bote e atacar seu predador.

O ser humano semelhantemente executa certos tipos de comportamento quando ele necessita.
Um gatilho mental serve exatamente para interromper padrões e fazer com que as pessoas ajam de forma pré programada.

Todos estes argumentos funcionam como **gatilhos mentais** que, quando disparados, se conectam rapidamente com uma parte específica do cérebro.

Esses gatilhos podem ser acionados por meio de atitudes e/ou palavras que "tocam" psicologicamente a mente humana e se instalam nela, convencendo-a, muitas vezes, a **tomar uma decisão.**

Isso acontece porque a comunicação do gatilho mental vai para o **sistema límbico do cérebro da pessoa**, que é a parte emocional.

Em seguida, essa pessoa busca razões para tomar ou ter tomado aquela atitude, ou seja, ela racionaliza a informação que chegou para ela. Esse processo acontece no **neocórtex**, onde se localiza a parte racional.

Por que devo utilizar gatilhos mentais para persuadir as pessoas?

- Pode ser utilizado para romper um padrão e tirar a pessoa da sua zona de conforto fazendo com que ela perceba algo que não estava sendo visto.
- Para dar ênfase para algo que você está tentando vender.
- Fazer que seu produto/serviço seja mais atraente.

A área comercial tenta conhecer verdadeiramente seus clientes e seu mercado para saber de que forma interagir com eles e, assim, definir os seus processos de venda, que deverão ser alinhados com os produtos e as estratégias corporativas.

É essencial saber como conduzir esse pensamento. Daí a relevância de entender o cérebro e como criar esses gatilhos mentais para direcioná-lo para uma ação de compra por exemplo.

Como foi falado acima, Robert Cialdini aborda seis argumentos por ele denominados como "armas da persuasão". Abaixo, explicaremos melhor sobre cada uma e como elas influenciam um processo de venda.

Princípio 1: Afinidade:

"Somos mais propensos a sermos influenciados pelas pessoas que gostamos". – Robert B. Cialdini

Princípio 2: Autoridade

"Quando há uma figura de autoridade, maior é a probabilidade das pessoas agirem de forma obediente, mesmo se essa autoridade for ilegítima". – Robert B. Cialdini

Este gatilho é bem óbvio, temos uma maior tendência de seguir, comprar ou ser influenciado por especialistas nos assuntos de nosso interesse. Mostre em sua página de venda que você ou sua empresa é autoridade no assunto, diga número, estamos a x anos no mercado, temos x números de clientes satisfeitos, temos o selo de qualidade x, etc.

outras formas de conseguir autoridade
1. Escrever um livro;
2. Dar palestras presenciais;
3. Falar com seu cliente ao telefone/skype, conferência ao vivo (como uma consultoria gratuita);
4. Mostrar seus resultados e o de clientes...

Princípio 3: Coerência e compromisso

"Deveríamos reconhecer que, na maioria das circunstâncias, a coerência é valorizada e versátil". – Robert B. Cialdini

Princípio 4: Escassez e da Urgência

"Menos é melhor e perda é pior". – Robert B. Cialdini

Esse gatilho é capaz de ativar um sentimento de risco iminente que a pessoa está tendo de perder uma grande oportunidade. Um promoção por tempo limitado, matrículas por tem limitado, bônus por tempo limitado, preço por tempo limitado e condições especiais por um número x de pessoas e x de tempo, são tipos de estratégias.

Princípio 5: Prova social

"Decidimos o que é correto descobrindo o que as outras pessoas acham que é correto". – Robert B. Cialdini

Coloque os depoimentos e comentários de pessoas que foram transformadas pelo seu produto na página de vendas, esse gatilho é muito importante, pois mostra que seu produto realmente compriu o que prometeu, isso quebra uma objeção da sua persona que é: será que funciona para mim? No anúncio você coloca, se funciona para o fulano vai funcionar para você.

Princípio 6: Reciprocidade

"A reciprocidade é tão generalizada que, após um estudo amplo, Alvin Gouldner (1960), em parceria com outros sociólogos, relatou que todas as sociedades seguem essa regra". – Robert B. Cialdini

O princípio da reciprocidade pode ser sentido quando alguém nos dá algo sem pedir nada em troca. Automaticamente, nos sentimos obrigados a retribuir o favor.

Ofereça um EBook para download gratuitamente, uma videoaula grátis ou um teste gratuito do serviço ou produto oferecido como estratégia de ativação de gatilhos mentais que induzam o potencial cliente a comprar numa tomada de decisão.

Outros Gatilhos:

Segundo outro estudiosos do assunto existe outro gatilhos mentais, vou citar apenas mais um, pois acho que com esse já está bom para você fazer um página de venda que convença seu cliente ideal a comprar de você.

Gatilho da Especificidade:

Ser específico é muito importante para trabalhar a credibilidade, convencer seus clientes e melhorar seus resultados!

Mostre por exemplo em sua carta de vendas os número específicos que seu produto ou serviço vai entregar.

Exemplo:

- "Aprenda Fórmulas Complexas no Excel em até 2 meses com apenas 3 passos simples. Conte uma história de como fará para ensinar esses 3 passos, exemplo, colocando os módulos do curso, etc."

- Você pode pedir para o seu cliente um depoimento em vídeo para ele especificar o quanto o seu produto ou serviço transformou a sua vida.

Esse gatilho quebra as objeções de autoridade do tipo: será que ele é bom mesmo? Você mostra na sua carta de vendas que ele é bom, pois você está prometendo e provando que você tem autoridade no assunto.

Dica:

❖ Tenha cuidado ao trabalhar com estratégias de gatilhos mentais para, em vez de ativar memórias traumáticas ou sensações negativas, ativar somente aquilo que traga um sentimento de conforto, exclusividade, desejo, independência, confiança etc.

O gatilho mental de uma pessoa pode ser ativado através de um ou mais dos cinco sentidos: visão, audição, tato, olfato e paladar. E os mais comuns para uma estratégia de Marketing Digital são a visão (imagem) e audição (som).

Uma combinação perfeita desses sentidos pode ser essencial para ativar um gatilho mental que desperte o desejo de compra imediata de um produto ou serviço.

A Oferta Irresistível ou Script de venda Matador:

Essa página de venda pode ser feita com vídeo ou só texto ou com os dois, carta de vendas com vídeo e texto costumam vender mais, pois você atinge mais pessoas, as que gostam ou não de ler anúncios na internet.

Os 5 Passos de uma oferta irresistível ou Matadora:

Primeiro Passo você deve atrair a atenção: É fazer a pessoa prestar atenção em tudo que está acontecendo. Você deve causar logo de cara um impacto na pessoa, você tem menos de 15 segundos para fazer isso, logo no início do texto do vídeo e da sua carta de vendas, os comerciais de TV, utilizam-se por exemplo de uma quebra de foco e cena, ele começa com o foco em uma pessoa e muda rapidamente para outra pessoa. UM outro exemplo seria, dizer: Tio Patinhas não é mesmo um muquirana. Essa é a quebra de padrão. Ele serve para chamar a atenção dessa pessoa.

Depois que quebrar o padrão, você tem que fazer uma **promessa de um benefício:**

"Porque você deve ler esse anúncio? Porque você deve assistir a esse vídeo até o final?

Então você quebra o padrão, chama a atenção e, na hora em que seu prospecto estiver com a atenção máxima, você vai fazer a promessa e dizer:

"Se você assistir a esse vídeo até o final, vai descobrir uma forma de emagrecer 3 quilo em 2 meses, perdendo 8% de massa gorda comendo doce". ou "Porque eu vou lhe mostrar uma forma de construir seu negócio em 3 passos apenas". São apenas ideia, faça um exercício você mesmo, anote tudo em um caderno

Segundo Passo você deve criar um conexão e a melhor maneira de criar uma conexão é por meio de **uma história.**

Desde das histórias infantis contadas pelos nossos pais ou escolas e também as histórias do cinema, somos motivados a prestar mais atenção quando alguém conta uma história para elucidar algo, até mesmo o Mestre Jesus fez isso para nos ensinar coisas do Reino de Deus, ele ensinava os seus discípulos por meio de parábolas.

Enfim, a história é um dos gatilhos mentais mais poderosos que existe, uma história conquista, cativa e conecta você a seu prospecto. É a história que vai fazer você ter uma empatia muito maior com o cliente.

Essa história é a de como fracassou, teve problemas e dificuldades até descobrir o que você sabe hoje, se você minha história, como montei um negócio de sucesso, falido e sem dinheiro e com o país em crise?

Você tem de contar contar uma história de fracasso primeiro que seja verdadeira claro, pois isso conecta com a pessoa com quem você está falando.

Depois que você quebrou o padrão, prometeu o benefício e contou a sua história de fracasso até descobrir o seu produto, fale sobre o grande problema.

Terceiro Passo você deve ensinar sobre o problema: Qual é o problema do cliente? Normalmente sempre tem um grande problema. Por que não emagrece? Por que não consegui montar um negócio de sucesso? Por que não consegue passar no vestibular?

O fato é que é muito mais fácil vender se o problema não estiver na pessoa que aplica o método, mas sim no método.

Exemplo: Se você quer emagrecer e não consegue, o problema pode estar no método ou em você. Nesse momento, a ideia que você quer passar para o cliente é a de que ele tem seguido o método errado e não a de que o problema é o mesmo.

Se o problema for do seu cliente, não há nada que você possa fazer para ajudar, se o problema for o método (ou o produto) seu cliente pode trocar de produto.

Faça o cliente entender que ele tem um problema de falta de conhecimento em algo.
Se ele tiver a informação que falta, tudo vai se resolver.

Quarto passo é trazer a solução: Depois de chamar a atenção, contar uma história, falar que a culpa daquele problema não é dele e dique que o motivo do fracasso é X, dependendo do seu mercado, você vai mostrar para ele 2 ou 3 dicas excelentes.
Ele deve conseguir implantar essas dicas na hora e já terá um resultado melhor, exemplo disso, já assistiu as propagandas na TV da Polishop quando um apresentador (a) demonstra um produto ao vivo e dá várias dicas ao vivo.

Primeira Dica: "como evitar": Demonstra com essa dica que você é uma autoridade no assunto. Exemplo: "Se você desligar o celular, sair do computador, não assistir TV, na hora que estiver estudando para seu negócio sua produtividade vai aumentar muito"

Segunda dica: "como aproveitar melhor". Exemplo: Como utilizar melhor a ferramenta excel para controle das suas finanças

Terceira Dica: "como fazer": Como aumentar em 200% seu faturamento utilizando apenas e-mail? "Como abrir um negócio online de sucesso trabalhando 1 hora por dia?" "Como vender mais e trabalhar menos?"

Você deve dar uma dica prática e depois explicar melhor no final onde fará o gancho da oferta. "Já lhe passei todas essas dicas, mas isso é apenas uma amostra do que eu posso lhe ensinar ou que podemos lhe ensinar" Após a parte: o que eu posso lhe ensinar, você fará a oferta irresistível e matadora.

Quinto Passo é fazer a oferta:

1) Falar que o produto é o caminho que o cliente vai percorrer;
2) Matar as Objeções: Elimine qualquer objeção que apareça, diz, esse produto vai funcionar para mim, pois funcionou para mim e para meus clientes, fale de todas as soluções que seu produto contem para a dor dele;
3) Retorno do Herói: Conte a sua história de superação da sua dor e como encontrou a solução;
4) Comunidade ou Clube: convite o seu cliente a participar de uma comunidade exclusiva;
5) Qualifique quem você quer vender e quem não quer vender, diga para quem o produto serve e não serve, coloque uma frase do tipo, "só preciso de pessoas motivadas e que estejam dispostas a se dedicar ao curso e obter os resultados esperados."
6) O que seu produto não é: Exemplo: Meu produto não serve para quem não sabe instalar o software X.
7) O preço: Vale o valor do produto e quanto valeria, mas que você vai cobrar bem menos e ainda vai dar o bônus x,y,x
8) garantia: dê a garantia de reembolso de x dias, isso quebra a objeção se ele não gostar do produto o risco é todo de quem está vendendo
9) Chamada para Ação: Aqui onde você realmente vende, chama o cliente para apertar o botão comprar ou se matricular no caso de curso online, coloque os depoimentos de pessoas que aprovaram o seu produto, apresenta os passo para a compra, mostra a tela de compra e o passo a passo
10) Dor e Prazer: Faça o contraste entre a dor de hoje e o prazer de amanhã após a compra

11) FAQ: Perguntas Frequentes. Faça uma lista com perguntas e respostas com as principais dúvidas respondida.

Dica de Ferramenta de Copywriting: Descubra O Segredo Para Produzir Copys Matadoras:
- http://copywriterlab.com/assinatura/?ref=S8771944Y

Dica de Curso Gratuito Copywriting para escrever boas cartas de vendas:
- http://copywriting.com.br/curso-gratuito-copywriting/
- https://sbcopy.com.br/como-criar-titulos-persuasivos/

Passo 5: Mindset em Gerenciamento e Métricas

3.5 - Gerenciamento - KPIS de Vendas - Como medir os Resultados do seu negócio?

"O que pode ser medido, pode ser melhorado" Peter Drucker

KPIs de vendas (Key Performance Indicator) — São indicadores utilizados para medir determinadas ações, de acordo com os objetivos traçados.

Todo negócio deve se fazer a análise se as ações de marketing estão dando resultados para que se possa melhorá-lo gerando cada vez mais vendas, melhorias na qualidade do produto, atendimento etc,

Todo o processo de vendas pelo marketing digital pode ser medido através de métricas, que são códigos de rastreamento dentro das páginas do seu site que lhe mostram: número de visitantes no site, qual o público está acessando, etc. Mas o KPIs são os indicadores que vão nos mostrar de forma mais claro se o negócio está dando resultado e quais as ações podem ser feitas para melhorar o número de vendas por exemplo.

Lista das Principais KPIs:

- **Ticket médio:** número médio que cada cliente gasta em cada compra. Um ticket médio baixo indica que a empresa precisa oferecer outros produtos para o cliente ou fazer a criação de outros produtos relacionados ao produto principal é oferecer para esse cliente.

    Para calcular o ticket médio: Pega-se o volume total de vendas num período, exemplo em 1 mês e divide pelo número de cliente. Exemplo, em um mês, o volume de vendas do seu negócio foi de R$ 20.000,00 sendo feitos por 100 clientes, no total. Se dividirmos R$ 20.000,00 pelos 100 clientes, teremos o valor de R$ 200,00. Isso quer dizer que o valor médio que cada cliente gastou naquele mês é de R$ 200,00.

- **Taxa de Conversão:** A taxa de conversão mostra a eficiência das estratégias de e-mail marketing, vendas, etc, ou seja, está relacionada a quantidade de oportunidades geradas e o que realmente foi convertido em vendas oriundas dessas ações.

    Desse modo, você consegue visualizar as melhores soluções para aumentar a taxa de conversão, como dispor de uma página mais interativa e layout atraente, melhorar as fotos, inserir informações mais claras dos produtos, título mais interessantes no artigos do blog ou campanhas de e-mail ou página de vendas.

    Para calcular esse indicador, é preciso dividir o número de pedidos realizados pelo número de oportunidades geradas,

multiplicando por 100. Exemplo, seu site de vendas teve 1000 visitas únicas em 1 mês e você fez 10 vendas, sua taxa de conversão será: (10/1000)x 100 que será igual a uma taxa de conversão de 1%. Você pode comparar esse parâmetro com os seu concorrentes para analisar se sua taxa está baixo ou alto. Normalmente esses dados não são calculados manualmente, utilizamos uma ferramenta do google chamado google analytics, se cria uma conta nessa ferramenta e ela nos gera um código que inserimos em nosso site para registrar tudo que acontece com o site, para saber mais acesse:
https://www.google.com.br/intl/pt-BR/analytics/learn/

- **Leads gerados:** Os leads são clientes em potencial que futuramente podem se tornar cliente, conseguimos leads normalmente quando deixamos um formulário de captura de email dentro de nossos site por exemplo, ou as pessoas que fazem perguntas em nosso formulário de informações sobre a empresa ou produto no site por exemplo. Esse indicador é importante, principalmente, para mostrar os resultados das ações e estratégias de marketing, já que é o setor responsável por gerar oportunidades para captação de novos leads.

  Para analisar o número de leads gerados, é preciso buscar dados dos potenciais clientes obtidos em ações específicas, como o cadastro em uma newsletter, por exemplo. Com isso, você terá uma listagem com as informações e o número total de leads conseguidos em um determinado período.

- **Custo de aquisição por cliente (CAC):** O custo de aquisição por cliente (CAC) mostra todo o investimento que é feito para que um consumidor vire cliente. Assim, é possível avaliar se determinada ação está valendo a pena ou não, pois, às vezes, você pode estar investindo um valor alto para adquirir um cliente em comparação com o que ele está gastando na compra.

Para conseguir essa informação, é necessário analisar todo o investimento realizado, como as estratégias de marketing e demais gastos com a venda. Depois disso, é preciso verificar quantos clientes foram conquistados no período determinado, e então dividir o investimento total pelo número de novos clientes.

Suponhamos que em 1 mês você investiu R$ 5.000,00 em marketing e pessoas relacionadas a venda e gerou 50 novos clientes. Então a conta fica assim: 5.000/50=100. Ou seja, cada novo cliente custou R$ 100,00 para o seu negócio.

❖ **Conteúdo Complementar:**
❖ O que é preciso para Vender na Internet? Link: https://youtu.be/bBk5XK7e7bw

Passo 6: Conclusão - Mindset em Realização do Sonho

Parabéns por chegar até aqui! Estou extremamente feliz por você e acredito que você tenha alcançado o próximo nível do empreendedorismo. Agora está mais preparado para se tornar um empreendedor de sucesso. Lembre-se de que sucesso é o resultado de sonhos mais resultados.

Neste ebook, você aprendeu os principais conceitos e práticas para criar um negócio online. Minha intenção era proporcionar uma visão abrangente, um panorama completo do seu negócio, para que você possa dar os primeiros passos. Espero que você continue aprimorando suas habilidades e o seu negócio. Lembre-se de que a jornada de aprendizado é interminável, estamos sempre evoluindo e aprendendo.

Se você ainda não obteve os resultados esperados, não desanime, não desista. Tente quantas vezes forem necessárias até conseguir. Os verdadeiros vencedores são aqueles que perseveram até o fim na realização de seus sonhos. Agora você tem uma direção, um modelo de caminho a seguir. Vá em frente, busque sempre o seu "dia normal e perfeito", ou seja, o dia em que você executa o seu melhor dentro do seu planejamento. Imagine como seria ter sucesso em seu negócio e comece a dar os passos necessários para alcançá-lo. Siga um passo de cada vez e não pule etapas.

Michael Jordan, o melhor jogador de basquete de todos os tempos, levou tempo para se tornar quem ele é. Ele disse: "Eu errei mais de 9.000 arremessos na minha carreira. Perdi quase 300 jogos. Em 26 oportunidades, confiaram em mim para fazer o arremesso da vitória e eu errei. Eu falhei muitas e muitas vezes na minha vida. E é por isso que tenho sucesso". Jordan não alcançou o sucesso por acaso. Ele tinha uma mentalidade de crescimento e acreditava que, através do trabalho duro e da dedicação, poderia melhorar o suficiente para superar os obstáculos. Querer aprender sempre e colocar em prática o que se aprendeu é o grande segredo para ter um mindset de sucesso.

Espero que você tenha gostado do conteúdo deste ebook. Fiz com todo carinho e amor para ajudar você. Ficarei imensamente feliz se você puder implementar o que aprendeu.

Desejo que o seu negócio seja um sucesso e que você se torne um visionário em seu mercado. Minha maior satisfação é ver você e o seu negócio gerando valor e transformação na vida dos seus clientes e de todos ao seu redor. Através do propósito maior de ajudá-los, espero que você também encontre realização.

Que Deus lhe conceda sabedoria em seus negócios, muita saúde e paz no coração. Que a sua empresa possa contribuir para construir um mundo melhor para todos. Encerro com uma frase de Abraham Lincoln: "Tenha sempre em mente que a sua resolução de atingir o sucesso é mais importante do que qualquer coisa".

São meus votos,

Claudio Antonio

Continue Evoluindo, entre na turma do Curso Mente Milionária, acesse o site: https://www.upcarreira.com.br

Referências Bibliográficas e indicações de leitura:

- A única Coisa de Gary Keller e Jay Papasan
- Augusto Cury - Pais Brilhantes e Professores Fascinantes
- A Bíblia Sagrada King James KJA - 2ª Edição Atualizada de 2016
- Você é o que Come - Gillian Mckeith
- As Armas da Persuasão - Robert Cialdini
- Trabalhe 4 horas por Semana - Timothy Ferris
- Negócios Digitais - Alan Pakes
- Férias sem Fim - Bruno Picinini
- Mindset: A nova psicologia do sucesso de Carol Dweck
- Seja Empresário da sua Ideia, Natanael Oliveira
- Eu vou te ensinar a ser rico, Ben Zruel
- Os segredos da mente milionária – T. Harv Eker
- Quem pensa enriquece - Napoleon Hill
- Dar e receber – Adam Grant

Continue Evoluindo, entre na turma do Curso Mente Milionária 360, acesse o site:
https://www.upcarreira.com.br/curso-mente-milionaria

Termo de Uso: Todos os Links e Empresas que indicamos neste ebook, são apenas indicações da **Upcarreira**, não temos nenhum tipo de parceria com as empresas do grupo Google, Facebook, Workana, etc, sua contratação é por conta e risco.

www.upcarreira.com.br